中华女子学院资助出版

高校社科文库
University Social Science Series

教育部高等学校
社会科学发展研究中心

汇集高校哲学社会科学优秀原创学术成果
搭建高校哲学社会科学学术著作出版平台
探索高校哲学社会科学专著出版的新模式
扩大高校哲学社会科学学科科研成果的影响力

农村城镇化与环境问题

——以于庄的个案研究为例

Rural urbanization and
Environmental Problems

于光君／著

光明日报出版社

图书在版编目（CIP）数据

农村城镇化与环境问题——以于庄的个案研究为例 / 于光君著.
--北京：光明日报出版社，2010.1（2024.6重印）
（高校社科文库）
ISBN 978－7－5112－0618－3

Ⅰ. 农… Ⅱ. 于… Ⅲ.①农村—城市化—研究—中国
②农业环境—环境保护—研究—中国 Ⅳ.①F299.21 ②X322.2

中国版本图书馆 CIP 数据核字（2010）第 010725 号

农村城镇化与环境问题——以于庄的个案研究为例
NONGCUN CHENGZHENHUA YU HUANJING WENTI——YI YUZHUANG
DE GEAN YANJIU WEILI

著　　者：于光君

责任编辑：武　宁　　　　　　　责任校对：韩思成　朱　琳
封面设计：小宝工作室　　　　　责任印制：曹　净

出版发行：光明日报出版社
地　　址：北京市西城区永安路 106 号，100050
电　　话：010-63169890（咨询），010-63131930（邮购）
传　　真：010-63131930
网　　址：http：// book. gmw. cn
E － mail：gmrbcbs@ gmw. cn
法律顾问：北京市兰台律师事务所龚柳方律师
印　　刷：三河市华东印刷有限公司
装　　订：三河市华东印刷有限公司
本书如有破损、缺页、装订错误，请与本社联系调换，电话：010-63131930

开　　本：165mm×230mm
字　　数：208 千字　　　　　　印　　张：11.5
版　　次：2010 年 1 月第 1 版　　印　　次：2024 年 6 月第 2 次印刷
书　　号：ISBN 978－7－5112－0618－3－01
定　　价：65.00 元

序　言

　　在城乡、工农二元对立依然存在的中国，城镇化被认为是农村经济社会发展的必由之路。因此，推进农村城镇化成为政府的政策偏好。而这种政策偏好恰恰也满足了几千年来积聚在中国农民心里的"城里人"情结，使生活在那片滋养了悠久农耕文明的土地上的人们看到了新生活的希望，因为"过上像城里人那样的生活"一直是中国农民所追求的生活理想。然而，在中国，农村城镇化引发了一系列的环境问题。机器的轰鸣声吞没了老农扬鞭催马的吆喝声，厂房和高楼遮蔽了炊烟渺渺的农家小院，清澈的小溪、安逸静谧的夜晚成为年长一代村民的记忆，散发着恶臭味的河水、喧闹的夜生活伴随着年轻一代村民的成长，农村自来水管道的铺设、纯净水的普及在显示出物质生活富裕的同时，却在某种程度上成了一种不幸。物质乏匮时代的农村社会和农民生活并没有我们现在所想象得那么美好，诗情画意的田园生活是一种基于对长期的城镇生活的厌倦而产生的想象，未必是一种真实的写照。所以，我们不能否认农村城镇化解决了农村物质乏匮时代的经济生活问题，但我们也不能否认农村城镇化却引发了严重的环境问题。从总体上说，中国的农村城镇化是以牺牲环境为代价的。我们一直在思考这样一个问题，为什么在推进农村城镇化的过程中，国家提出的科学发展观和可持续发展的战略不能得到落实？农村城镇化一定会引发环境问题吗？我们不好泛泛地、概括性地回答这样一个大问题，最好的办法是做一个实地研究，以具体的事实和材料说明问题。

　　于光君博士的这项研究，以于庄为个案，通过实地研究的方式，从社会学的角度探讨了农村城镇化与环境问题的深层社会关联。于庄是地处鲁西北平原地区的典型的农业村落，有六百多年的历史。改革开放后，于庄人借助于"天时、地利、人和"的因素，发展起了村办企业。村办企业的发展带动了第三产业的发展，进而推动了城镇化。于庄城镇化属于工业推动型的、内生式的城镇化，具有中国农村城镇化的典型特质。

城镇化使于庄的整体社会经济状况，即产业结构、收入结构、人口结构以及生活方式、农田耕作方式等发生了显著的变化。然而，于庄的农民个体自身却没有发生这种明显而直接的变化，他们还没有成长为具有较高法制意识和批判精神的市民。

在某种意义上可以说，环境问题是不同利益群体进行的博弈的一种结果。所以，环境问题实质上是一种社会问题。本书在一个大的文化背景下，通过对于庄村落文化和于庄城镇化的历时性考察，认为在城镇化过程中经济发展与市民社会形成的不同步性所导致的市民社会的缺位和公共领域的缺失是城镇化过程中环境问题的重要社会根源。这是一个发人深思的结论，拓展了我们对农村城镇化与环境问题的认识。

最后需要说明的是，研究方法本身的局限所导致的悖论一直是社会学研究者所致力于探索和解决的问题。作为一个村庄的个案研究，在方法论上我们无法用其推论中国农村的总体状况，但我们不得不承认，于庄的研究所揭示的现象在中国农村地区具有一定的普遍性。我相信，于光君博士的这项研究成果对于中国其他地区的农村城镇化的研究具有重要的参考价值。

中央民族大学教授 包智明
2009 年 8 月 1 日于北京

CONTENTS 目　录

第一章

导　论

第一节　选题意义与相关研究

一、选题意义

农村城镇化就是通过农村工业化将大量农村人口转变为城镇人口，并获得城镇生活方式的过程。农村城镇化对于加快中国经济社会发展，特别是解决困扰中国现代化的农村问题，为农民创造新的就业机会，提高生活质量等具有重大的意义。要把中国这样一个农村人口占多数的国家建设成为现代化强国，没有城镇化的发展，是不可想象的。中国政府已将实施"城镇化战略"作为21世纪中国迈向现代化第三步战略目标的重大措施之一。十六大提出"要逐步提高城镇化水平，坚持大中城市协调发展，走中国特色的城镇化道路"。

目前，中国的城镇化水平仍然较低。截至2000年底，中国城镇化率比世界平均水平低12个百分点，比世界发达国家平均低40个百分点。据世界银行统计，2002年世界高收入国家城镇化率平均为75%，中等收入国家为62%，低收入国家为30%。中国作为中低收入国家，城镇化率尚未达到40%。2005年城市可持续发展南宁国际会议上公布了中国2004年城镇化水平为41.8%。进入21世纪的美国的城镇化水平已超过80%，日本超过65%。乐观地预期，到2050年中国城镇化率将达到70%。因此，我国的总体城镇化水平仍处于城镇化成长期的初级阶段。①

城镇化的水平高低和发展速度与环境问题密切相关，并对社会经济的发展

---

① 转引自陈静，孟庆艳. 中国城镇化之路该如何走. 小城镇建设，2005，(6)：94～96.

产生重要影响。农村城镇化是一个受经济增长刺激和工业发展催化的人口集聚过程。在这个过程中，不可避免地会出现一些不利于农村城镇化持续发展的环境问题。由于我国城镇化存在着以单纯追求经济增长为目标的倾向，从而在提高社会生产力的同时，不得不承受由于片面追求经济增长所带来的代价，如环境恶化、资源枯竭、人口膨胀等。如何协调农村城镇化与环境之间的关系已成为政府和学术界共同关心的问题。

所以，农村城镇化与环境问题是当前社会经济发展中的一个重大战略问题。城镇化水平的高低通常用来反映一个国家或地区的经济发展水平的高低，而城镇环境质量的好坏则通常用来衡量一个国家和地区现代生活质量的优劣。农村城镇化能否实现持续发展，最根本的影响因素是环境的状况。环境质量的改善与经济发展之间的关系已经成为联合国环境与发展大会议程的核心。因此，正确把握农村城镇化发展和环境建设这一矛盾统一体，对落实科学发展观、实施可持续发展战略、推动社会主义现代化建设和社会主义新农村建设有十分重要的意义。

二、相关研究趋势

在后面各个章节中会涉及到与本研究有关的前人研究成果，在这部分里只简要地总结以往相关研究的趋势和特点。关于农村城镇化问题的研究主要集中在两个方面：城镇化一般理论的研究，与城镇化相关问题的研究。关于城镇化一般理论的研究（辜胜阻，1994；姜爱林，2003；申振东、周海乐，2003；周其华，2004）集中在城镇化的概念和特征、城镇化的起源和特征、城镇化的方针和道路、城镇化的机制和规律等几个方面，学者们还研究了城镇化的形式、发展阶段、发展质量、制度创新等问题。

与城镇化相关问题的研究（廖鸿志、郑春敏，2003；陈爱民，2003；杨家栋、泰兴方、单宜虎，2005）主要集中在人口流动与城镇化、非农化与城镇化、城镇化与现代化、经济全球化与城镇化、城镇化与经济发展等问题，在与城镇化相关问题的研究中，城镇化与环境问题的相关研究较少。

目前，国内外有关环境问题的研究主要是从两个角度进行的。一是经济与环境相互作用与协调发展（世界银行，1997；陈耀邦，1996；周毅，1997；牛文员，2003；侯伟丽，2004），二是产业结构变动及其对环境质量的影响（经济合作与发展组织，2002；周弘毅，1998；晏路明，2001）。

上述研究对本研究具有重要的参考价值。不过，我们可以发现，就研究主题内容而言，缺乏对城镇化与环境问题的系统论述。就研究的学科角度而言，偏重于从经济学、管理学等学科角度研究城镇化及相关问题的较多，缺少从社会学的角度研究城镇化与环境问题的研究成果。就研究性质和方法而言，关于农村城镇化与环境问题的研究，常规的对策性研究依然是主流。综合的、直觉领悟式的研究较多，个案研究和定量分析较少。

因此，本研究力求克服以往农村城镇化与环境问题研究的不足，把理论与实际联系起来，以一个处于城镇化进程中的村落为个案研究的对象，深入分析和考察农村城镇化与环境问题的关系。

第二节　分析框架与研究路径

一、分析框架

分析框架是对有关问题的解释模型，是进行科学研究的分析工具和思维方式。本研究采用"国家—社会"的理论分析框架。"国家—社会"的分析框架始于 20 世纪 50 年代，它要回答和解决的根本问题就是一个小村落如何同大国家联系起来的。20 世纪 80 年代后，绝大多数的村落研究都运用"国家—社会"的分析框架。

"国家—社会"的分析框架源于西方社会，具有二分法的特征。这种二元对立的分析框架是否也适用于中国村落社会里呢？问题的关键在于国家对农村社会的控制程度。"国家—社会"分析框架有一个前提假设，即假定双方具有各自自主的正当性权利，从而建立起一种相互对立的关系结构。"国家—社会"分析框架是以西方发达市场经济为研究背景的，尽管中国已经走上了市场经济的发展道路，但并不意味着"国家"与"社会"的两极分野。国家与社会通过市场、利益集团等媒介实现互动与交流。国家政权在村民自治条件下止于乡镇，因此，乡镇政权与村级自治性组织的关系实际上是国家与社会关系具体化的表现形式。国家与社会的互动是通过一定的组织实体来实现的，国家政权系统经过诸多的行政环节，通过基层政权与农村社会发生直接的关系，村委会作为一种整合了的农村社会力量代表农村社会与国家进行直接的对话。

"国家—社会"的分析框架可以分为两种方式，一种是"结构—制度"视角，侧重于从宏观的层次进行研究。一种是"事件—过程"视角，侧重于从微观角度进行分析，关注国家正式权力的非正式运作等问题。本研究把"国家—社会"的分析框架具体化为"国家—基层政府—村级组织—村干部—村民"的分析框架，采取"事件—过程"的研究视角，侧重于从微观角度分析农村城镇化与环境问题的关系。

二、研究路径

本研究以村庄为个案研究的对象，以村落社区的发展史作为叙述框架进行纵向考察。但作为研究对象的村落又不限于一个孤立的村落，而是从县、乡、村，步步深入。这种研究路径有助于从国家与社会互动的角度，深入把握农村城镇化与环境问题的具体关系。本研究选择的路径是具有利益关联的国家、基层政府、村级组织、村干部、村民和外来人口在乡村社会经济发展中的行动逻辑。国家的法律制度进入乡村的实际绩效要经过基层政府、村级组织、村干部和村民的过滤，农村社区中的村干部同基层政府，甚至国家权力体制之间直接的联系，对农村城镇化与环境问题有着重要影响。

第三节 研究方法和资料收集

一、研究方法

（一）个案研究法

本研究是一种个案研究。个案研究的优点是明显的：可对研究对象进行深入的解剖，彻底把握研究对象的全貌，并具有抽样方法无法做到的社会实在性。个案研究作为一种从整体上对一个对象进行详细考察的方法，在社会学研究中得到了广泛而有效的运用。本研究选择于庄作为个案研究的对象，通过深入的研究力求发现农村城镇化与环境问题的深层社会关联。

（二）质的研究方法

本研究的基本方法是质的研究方法。质的研究方法是一种新形式的定性研究，继承了传统定性研究的优点，突破了定性研究的某些局限，内涵和外延比定性研究都有较大的丰富和扩展。陈向明采取"文化本位"的方式给质的研究下了一个定义"质的研究是以研究者本人作为研究工具，在自然情形下采用多种资料收集方法对社会现象进行整体性探究，使用归纳法分析资料和形成理论，通过与研究对象互动对其行为和意义建构获得解释性理解的一种活动"①。

本研究采用质的研究方法，从实地调查中收集所需的资料，对自然发生的事件进行观察，描述事件发展中各种行为的发生。本研究将努力实现文献资料与实证研究相结合，主观感受与客观观察相结合，事件描述与理论阐释相结合。在社会学的"质的研究"方法中一直存在着如何处理和使用个案调查和访谈资料的问题。在这方面，存在两种调查原材料的加工方法，一种是费孝通的"文本概括法"，一种是林耀华的"文学概括法"。本研究着力吸收两种方法之精华。

（三）村落社区研究法

本研究是一项社区研究，以城镇化中的农村社区作为研究的视野。村落是人类社会最基本和最原始形态的社区形式，是一个有着完善组织系统的社会单元。从这种意义上说，村落是认识和解读社会现象最重要的分析单位。尤其是对于一个城镇化进程中的农业村落来说，通过进行微型社区研究，可以更好地透视农村社会发展的轨迹。

关于农村的村落社区是否构成社会学研究的基本单位这个问题，美国的施坚雅提出标准集镇理论，认为人们生活的基本单位是市场集镇而不是村落，因此村落在社区研究中的地位并不重要。② 黄宗智通过对日本"满铁"调查资料的进一步分析研究后认为，村落作为一个独立的社会研究分析的单位至少是适用于中国华北的情况的。黄宗智的结论有力地回应了施坚雅的标准集镇理论。③ 布朗也认为研究中国最适宜的研究单位是村落。④

社区方法论突破了关于村落社会生活描述的局限，不再将自身局限于"让村庄代表中国"，而将注意力集中在村庄与国家的关系问题上，出现了对村庄城镇化、都市化的研究。本研究作为一项社区研究，采用"国家—社会"的理论分析框架，通过研究一个村落社区城镇化的历程及其环境问题的产生，探讨城镇化与环境问题的内在关系。

---

① 陈向明. 质的研究方法与社会科学研究. 北京：教育科学出版社，2002. 22～23.

② Skinner, G William, 1964～1965, *"Marketing and Social Structure in Rural China"*. Journal of Asian Studies 24. I：3～44；24. 2：195～228；24. 3：363～99.

③ Huang, Philip, C C, 1985, *The Peasant Economy and Social Change in North China.* Stanford University Press；220～224.

④ 布朗. 对于中国乡村生活社会学调查的建议. 社会学界，1936，（9）：79～88.

二、资料收集

本研究主要采用以下方法收集资料：

（一）访谈法：利用本地良好的人际关系资源，与县乡相关部门的官员及一般工作人员、于庄的村干部、村民、外来务工经商人员和附近村庄的干部、村民进行访谈，收集了有关于庄城镇化与环境问题等方面的资料。在进行实地调查中，访谈的各类人员达二十多人，并对其中的 20 人进行了比较深入的访谈。他们分别是：县政府办公室的官员 1 人，工作人员 1 人，县环保局的领导1 人，于集乡政府的领导 1 人，于庄的村干部 2 人，于庄的村民 8 人，于庄的外来人员 4 人，于庄附近村庄的人员 2 人（具体的访谈资料见附录）。

（二）文献法：通过文献法收集了于庄所属市、县、乡、村的与本研究有关的各类统计数据、文献和档案资料。

（三）观察法：通过实地观察了解庄在城镇化过程中环境问题的状况。直接从县乡职能部门的行政活动中，从村级组织及其村干部的活动中，去认识基层政府和村级组织的"经济人"本性，以及这种"经济人"本性对农村城镇化和环境问题的影响。

第四节　研究地点的选取

本研究选取的实地调查地点是位于山东省西北部平原地区的于庄。选取于庄作为实地调查研究地点的理由是：第一，于庄具有本研究选题所具备的典型特质。于庄是鲁西北平原地区的一个自然行政村，已经有 600 多年的历史。自民国二十年（1931），镇公所设在于庄，于庄开集立市，这种情形一直延续到现在。1965 年于集人民公社成立后，于庄就成了公社机关驻地。于庄是典型的农业村落，农耕文化历史悠久。中国共产党实行改革开放政策后，于庄人利用本地资源发展起村办企业。随着村办企业的发展壮大，于庄的第三产业也得到了相应的发展。在当地政府的支持下，于庄进行了城镇景观建设。随着于庄城镇化的推进，村民的收入结构和生活方式发生了变化。像中国农村其他地区一样，于庄在城镇化进程中，也出现了一系列的环境问题。无论从于庄的城镇化过程，还是从于庄城镇化过程中出现的环境问题来看，于庄具有进行社会学实地调查研究的代表性。

第二，于庄是本人出生、成长的地方，本人非常了解于庄的历史和现实情况，对于庄人的生活、思想和感情极为熟悉。同时，良好的人际关系和作为本村人的优势，便于本人对事件的调查和资料的收集工作，从而能够进行深入的研究。所以，本研究选择本人非常熟悉的老家所在的村子作为调查研究的对象，而自己的老家所在的村子又具有本研究选题所具备的典型特质。为了保证研究的科学性，"在实际调查中坚持摒弃先入为主、以个人价值偏好取代客观事实的做法。"① 基于以上原因，选取于庄作为个案研究的对象。鉴于城镇化和环境问题是当今世界普遍关注的问题，也是于庄城镇化进程中比较突出且具有代表性的问题。所以，于庄的实地研究将围绕城镇化与环境问题这一主线展开。

为了叙述的方便，同时也是为了遵从村落调查的惯例，我使用"于庄"这个虚构的村落名称，来替代我所调查的村子的真实名称，文中所涉及的其他村名也都是虚构。由此所涉及到的相关文献，也以此虚构之名来加以替代。另外，本文所涉及的个人的名字均是虚构的名字。作为一本社会学著作，文中所涉及到的围绕环境问题所发生的事件，是在实地调查的基础上，按照学术惯例做了必要的技术处理，属于纯粹学术性的事实描述。

第二章

于庄城镇化的背景

第一节　于庄的自然条件与社会经济环境

一、于庄的地理位置与行政归属

（一）于庄的地理位置

于庄是鲁西北平原地区典型的农业村落。连接陵县县城和宁津县城的县际公路——陵宁公路穿村而过，这是于庄通往县城的主要道路。因为在普通的地图上几乎找不到于庄，所以，通过描述于庄所属的陵县的地理位置和区域情况可以帮助我们准确了解于庄的地理位置。

陵县隶属于山东省德州市，县城在德州市区的正东方向，距德州市区30公里。陵县素有"京津门户，九大天衢"之称，位于首都北京、港城天津和省会济南之间，京沪铁路依县而过，京福高速公路和德烟铁路在境内穿过，104国道和008省道横穿县城。县城距济南机场90公里，距天津港200公里，距黄骅港80公里，距青岛港400公里。

全县面积1420平方公里。县境最西是王坤村；最东是马桥村；最南是刘楼村；最北是江家村。县境东西略长，南北略短。县城位于境内西南部。自县城起，北23公里接宁津县境；南9公里接平原县境；西20公里接德州市境；东25公里接临邑县境；东北73公里至乐陵县城；北40公里至宁津县城；东南30公里至临邑县城，90公里至济南；西南21公里至平原县城；西北30公里至德州市；北350公里至北京。

（二）于庄的行政归属

据《陵县志》（民国二十四年）记载：明朝燕王建都北京后，实行移民政策。明朝永乐年间，于庄的祖先从山东省海洋县大吕石村迁来定居，生息繁衍至今。于庄现在行政上隶属于山东省陵县于集乡，行政隶属在历史上几经变化。民国二十年（1931）全县划为五个区、146 乡、镇，共 480 个村。于庄属于第二区的于集镇，镇公所设在于庄。1943 年，为纪念抗日战争中牺牲的吴匡五县长，陵县改名为匡五县，全县划分为八区，于庄属于神头区（第二区）。1949 年，遵照政务院关于取消以人名命地名的指示，改匡五县为陵县。全县共划分 11 个区，辖 929 个村，于庄辖于神头区（第八区）。1958 年 1 月，撤区划乡，全县划为 26 个乡，于庄辖于集乡。1958 年 9 月，人民公社化时，全县划分为十个人民公社、793 个大队，共 1186 个村。于庄辖于五星人民公社（注：边临镇、于集两乡和王官乡北部村庄划为五星人民公社）。1965 年 1 月，调整规模，全县划为 25 个公社。县委、县政府决定将原边临镇、神头公社的部分村庄划出成立于集人民公社，于庄是于集公社驻地。至 1983 年底，区划未变。1984 年撤销人民公社，恢复乡镇建制，于庄隶属于于集乡，乡政府驻地在于庄。截至 2005 年底，于集乡总面积 53 平方公里，管辖 41 个自然村，38 个行政村，全乡总人口 2.0331 万人，其中非农业人口 0.12 万人。于庄可用耕地面积 1400 多亩，人口 1120 人。

二、于庄的自然条件

（一）地形地貌

于庄属华北地区渤海凹陷的一部分，地质属第四纪标准积层，厚度 250 米~400 米。地形属黄河下游冲积平原。由于黄河多次泛滥改道及人工改造，地形由西南向东北倾斜，呈西高东低之势，自然坡度为 1/8875，东西高低相差 11 米。

（二）河流水文和水文地质

于庄属海河水系，漳卫南运河规划区。于庄绝大部分地下水属中性，PH 值一般为 6.8~7.2。浅层地下水含水层主要是粉细砂和细砂，呈水平条状分布，浅层地下水化学类型主要有重碳酸盐、硫酸盐和氯化物三种类型。深层地下水含氟量高，开采成本高，且补给困难，除工业用水外，不宜开发。地下水主要靠大气降水、侧向流入、灌溉回归等补给。据史料记载：自公元前 602

年至公元 1060 年，黄河有 26 次大的改道。有 19 次涉及山东，其中 4 次涉及于庄。因而于庄形成黄河下游冲积平原孔隙水文地质区。于庄的地下水主要是垂直方向运动，属于渗入蒸发型。水平方向的运动非常滞缓。据 1975 ~1979 年地下水观测资料分析，地下水埋深平均下降 1.15 米，1979 年平均埋深 2.34 米，多年平均变幅 1.72 米。

（三）土壤和气候

于庄土层深厚，沙粘相间，耕作历史悠久。于庄属于温带半干旱大陆性季风气候。春、夏、秋、冬四季分明，冷暖干湿界限明显。春季多西南大风，气温回升快，蒸发量大，降水少，多干旱；夏季受东南季风控制，气温高，雨量大而集中，约占全年降水量的 70% 左右，往往酿成大涝；秋季由于北方干冷气团的侵袭，天气晴朗，地面辐射冷却加强，低空温度迅速降低，大气层结构稳定，不易起风，形成"秋高气爽"的天气，昼暖夜凉，温差加大；冬季受蒙古干冷气团的控制，多西北季风，天气干燥寒冷。

各季长短差异不大，夏季略长，近四个月；春秋冬各为 80 多天，具有中纬度大陆性季风气候的特点。夏季长，对一些喜温作物生长有利。但每年各季的长短和起止时间变化幅度较大，故造成农业生产上的大小年不稳。无霜期平均 202 天。全年光照时数，根据所处纬度计算，应为 4436.2 小时，全年平均实照时数为 2679.9 小时。全年平均实照率 60%。1962 年至 1979 年记载历年平均降水量 599.9 毫米。历年平均蒸发量为 2076.4 毫米。

三、于庄的社会经济环境

于庄位于鲁西北平原，属于典型的鲁西北平原农业村落，适宜各种农作物生长，是鲁西北粮棉产区之一。主要以粮、棉、蔬菜为主。本研究通过描述于庄所属陵县的经济状况来了解于庄的社会经济环境。2004 年陵县农业人口 46.84 万人，占总人口数的 89.5%。2004 年全县工农业生产总值达到了 29.16 亿元，农业产值 11.8 亿元，农民人均收入 2513 元。由此可见，农业在全县经济发展中占有非常重要的地位。

陵县具有丰富的农作物资源，小麦、玉米、谷子、高粱、大豆等是主要的粮食作物，棉花是主要的经济作物，也有大豆、花生等油料作物。农业经济结构的主体是种植业。建国以来，随着国民经济的发展和生产条件的改善，农作物布局不断变化。建国初期农作物以谷子、玉米、小麦为主，棉花、大豆次之，其他小杂粮各地都有种植。1958 年以后，农作物种植结构不断发生变化。特别是自 1970 年以来，由于农田水利建设的发展，引黄河水灌溉面积逐年扩大，化肥施用量增加，小麦、玉米成为主要高产稳产作物；而大豆、谷子、高粱的播种面积急剧下降；其他杂粮播种面积逐年减少。1979 年落实中央规定的棉花提价、加价等鼓励种棉的政策后，棉花种植面积逐年扩大，1981 年增加到 38.49 万亩，比 1949 年的 16.91 万亩增加 1.4 倍。1982 年扩大到 52.5 万亩，1983 年又扩大到 54 万亩。从 1978 年到 1983 年，棉花产量也逐年增加。

建国前，全县仅有两类手工业者：一是职业手工业者；一是以农为本、兼做手工业者。他们主要经营小农具、小家具和日用品之类，开有铁匠铺、木匠铺、小酒坊、小油坊、粉坊、纸坊、窑业和家庭纺织等，也有赶农事季节下乡串户的铁匠和木匠。据民国二十四年编纂的《陵县续志》记载："清光绪二十三年（1897），全县有酿酒坊五六十家，到民国八年（1919）有三十余家，民国二十三年（1934）就剩十余家了。本县有种棉织布的传统，清朝中叶出产白粗布最多，当时淄博店、神头镇、凤凰店各街有布店七家，资本雄厚，购买白粗布远销辽沈，收入颇为可观。迄'洋布'输入，粗布滞销，渐至断绝。全县手工业逐渐破产，农村经济影响甚巨。"又记："本县工人以木匠、泥瓦匠为多，铁匠、石匠则多属章丘人，染色匠则多属山西人，窑匠则多属河北大名府人。"

民国二十一年（1932）春，国民党陵县县政府奉令筹建工厂，名为民生工厂。这是陵县第一个采用近代生产方法的工厂，从事染织和缝纫业务。

新中国成立后，个体手工业日渐兴旺，并逐步组织起来，先后出现了合作组、联营社、联办工厂等集体企业。地方国营企业亦逐年增多。1949 年，全县工业总产值 36 万元，仅占工农业总产值的 0.8%，农业总产值占工农业总产值的 99.2%。建国后，工业生产产值所占比重逐渐扩大。1952 年，县里组织了第一个木业合作组。1963 年至 1966 年，在贯彻中央"调整、巩固、充实、提高"的方针过程中，将部分工业企业进行合并、调整和撤销。1970 年以来，全县工业有较大发展。为适应本县棉花大幅增产的需要，新建和扩建了棉油加工厂、棉花纺织厂等企业。到 1983 年农业总产值占工农业总产值的比重为 62.5%，比 1949 年降低了 36.7%；而工业总产值占工农业总产值的比重为 32.5%，比 1949 年提高了 31.7%（见表 2—1）。

陵县是全国首批对外开放县和山东省综合改革试点县，荣获全国农业百强，全国优质棉基地县和山东省棉花产业化试点县等称号。陵县农业基础牢固，年产皮棉 60 万担，玉米 26 万吨，小麦 32 万吨，为加工业提供了丰富的资源。陵县独创的"冬季农业"种植模式在全国推广，无公害蔬菜主销京、津、唐，被誉为"京津南菜园"。

表 2—1　全县工农业总产值发展情况表　　　　单位：万元

数字　项目 年度	工农业 总产值	其中					
		农业	比例（%）	增长（%）	工业	比例（%）	增长（%）
1949	4275	4241	99.2		36	0.8	
1957	5589	4904	87.7	1.8	685	12.3	8.4
1965	8365	7574	90.5	3.7	791	9.5	5
1978	16665	11997	72	3.7	4668	28	18.3
1983	52884	33135	62.5	6.2	19749	32.5	20.4

资料来源：根据陵县统计局的统计资料整理。注：表内金额按 1980 年不变价格计算

陵县坚持"纺织立县"，立足资源和特色优势，力促由棉花大县向纺织强县转化。现已有黎明集团、颜春集团、康达集团、宝鼎集团等 163 家企业。形成纺织、织布、印染、服装加工等长链条、大规模的纺织大产业。目前，全县形成 100 万纱锭的规模和年产值 40 亿元的能力。

第二节　于庄的经济与文化

一、于庄经济的变迁

（一）解放前于庄的工商业

陵县解放前（1945），于庄是个典型的农业村落。全村经济基本以农业为主，工商业很不发达。村里有一家小卖铺，主要经营油、盐、酱、醋等日常生活用品。对于经营小卖铺的这家人来说，经营小卖铺是副业，他们的主业还是农业，因为单纯靠小卖铺的经营收入不足以维持全家人的生活开销。经营小卖铺的人家属于生活比较殷实的人家，除了一个小卖铺外，家里还有十几亩地。平常季节，男主人不下地劳动，主要照看小卖铺，老婆和孩子们下地劳动，农忙时候会请几个短工，男主人也会下地或下场院帮工。男主人平时自己照料小

卖铺，进货的时候或农闲的时候也由老婆或年龄较大的孩子照料一下。小卖铺主要是从县城进货，每隔十天半月的男主人就赶着小驴车去县城一趟，来回大约多半天的时间。于庄有一条通县城的土路，大约6公里的路程，进城很方便。如果有哪家需要小卖铺的店主给捎点东西，店主会视与自己关系的亲疏远近决定是否加价。

于庄还有一家铁匠铺，主要打造日常家庭用的刀具和农业生产用的铁制用具。铁匠铺的师傅是从章丘来的，在于庄收了个徒弟，师徒俩人经营。后来师傅回老家了，徒弟自己经营这家小铁匠铺。本村或附近村子的村民有需要铁器的会提前到铁匠铺订做，铁匠铺也会做好一些铁制用品展卖。

村里还有一个经常串乡的货郎，推着手推车到附近的村子串乡卖货。有时候也有外面来的货郎或小商贩卖一些妇女做活用的针线和儿童玩具，如水哨、竹笛、泥印版等之类的。这就是于庄的手工业和商业。

自民国二十年（1931），镇公所设在于庄，于庄就开始设集立市。阴历的一、六为集市日，集市辐射的地域范围为方圆10公里左右，跨越了行政区划的界限，以传统的经济交往区域为界限。集市上卖一些日用品或时令蔬菜、水果等。

（二）解放前于庄的经济关系

截至1945年陵县解放，于庄共有47户人家，316口人，土地1423亩。本村有3户地主，23口人。3户地主共占地650多亩，人均占地28.3亩。富农5户，32口人，共占地204亩，人均占地6.4亩。中农25户，108口人，占地326亩，人均占地3.1亩。贫、雇农17户，153口人，占地243亩，人均占地1.6亩。在以农为本、工商业不发达的地区和时代，购置田产被视为提升社会地位和积蓄财富的一种重要手段。收入的差异悬殊是导致土地流转的重要原因。于庄的地主主要是在外做官或经商发财后回家置办土地而成为地主的。三户地主有二种不同的情况：其中一户的父亲在本县担任财政局长，有财力在本村购买土地，然后自己雇工种地或租给别人种。另一户是在国民党军队担任团长，发了财之后，回家置办土地。第三户是靠做生意积蓄了钱财然后在本村置办土地。

地主富农剥削贫雇农的方式是多种多样的，较普遍的有以下几种：

一是雇工。地主、富农以廉价雇佣无地少地的农民为他们种地做工。地主一般雇工2~5人，多者十几人，甚至几十人。雇工有长工和短工之分。

二是收取地租。租地者将每年收获的四五成或六成甚至八成作为地租交给地主。地主出租土地的形式一般有四种：1. 常年租。就是固定地块、年限、地租，不论荒年歉月，一律按时交足地租；2. 当年租。只种一年，年限短，租额高，将收入的大部分交给地主；3. 卖"包粮地"。地主乘农民遭遇天灾人祸之际，低价收买贫苦农民的土地，然后再租给穷人耕种，按时缴纳地租，至年终原户主需要将地赎回时，则按原价交给地主赎金；4. 分种。由地主出本（土地、牲畜、肥料、种子），由佃户负责种、管、收，收获后地主分 90%，佃户留 10%；或是地主抽取 70%，佃户留 30%。

三是高利贷。高利贷的主要形式有：1. 印子钱，也叫"搭钱"。曾有"印子钱，天天还，利加利，年年翻，借一时，还十年，几辈子，还不完"的说法。2. "月排"。借钱先付当月的利息，以后每月如此，到时再付本。如借 10 元，只给借主 9 元，以后每月付 1 元利息。3. 迭利行息，也叫"驴打滚"。当年还不上，第二年本利加起来，另换借契，年年滚，年年翻。4. 三分利。如借 10 元钱，三年连本带利 20 元，即三年本利平。5. 借粗还细（借一斗高粱或谷子等，当年还一斗小麦）。6. "对银号"，也叫"明吃亏"。如交一吊 1000 算 800。

富农和中农基本上是靠自己劳动，不雇工或不经常雇工。贫农和雇农单靠自己的土地不能维持生活，靠给人做工增加收入来维持生活。

于庄种植的主要粮食作物有小麦、玉米、谷子、地瓜、高粱等，经济作物主要是棉花，也有大豆、花生、芝麻等油料作物。在田间地头间或种些红豆、绿豆等"小杂粮"。

土地的产量很低。1949 年粮食作物平均亩产 99 斤，棉花平均亩产 22 斤。

雇工增资与减租减息。1944 年，县委、县政府和各级农会，领导农民实行了雇工增资和减租减息。县委派了三名干部到于庄发动群众，首先开展了算账教育，理直气壮地到地主家说理，要求增资。于庄的三户地主迫于形势，最后答应雇工提出的增资条件。同年冬天，又开展了减租减息运动。减租减息运动的内容：一是从地主地租中减免 25%，时称二五减租；二是取消高利贷和一切不合理的利息，实行分半减息；三是"典当回赎"，即把贫雇农低价当给地主的土地再按原价赎回来。

1946 年 5 月 4 日，中共中央发出《关于清算减租减息及土地问题》的指示，把在抗日战争时期实行的减租减息政策，改为没收地主土地分配给农民、实行耕者有其田的政策。于庄也开展了大规模的土改运动。当时的土改政策要求是：根据土地和人口确定每人按三亩土地均分。无地的分三亩，不足的补足三亩，地主每人留三亩，富农实行"三·七"献地，献出 30% 给贫雇农。遵照县委的指示，于庄成立了以贫雇农为主体的分配委员会。

1948 年 7 月，中共中央下达了"七·一指示"和《土地法大纲》。根据上级指示，于庄进行了"土改复查"。土改复查工作一直延续到 1951 年初，划阶级、定成份后，颁发了土地证。在土改和复查时，逃往外地的地主建国后回本村，按照政策规定，分给了他们土地和房屋，发给他们土地证。

（三）建国后于庄经济的改造

建国后，逐步对个体农业、个体手工业、私营工商业进行了社会主义改造，时称"三大改造"。

对个体农业的社会主义改造。1949 年，在陵县十里河村试点，办起了全县第一个农业生产互助组。于庄在十里河试点后也搞起了互助组，由七户组成，共 43 口人，土地 42 亩，牲畜四头。互助组是在自愿互利的原则下组织起来的。土地和生产资料私有，入组者实行劳力互助，生产投资自备，收获归己。

1955 年，县里根据中央"关于农业合作社问题的报告"和"积极领导、全面规划"的方针，于 1955 年年底办起了初级农业生产合作社 1672 个。初级社的规模，小的自然村一般一村一社，大村则建立几个社。每个社有十几户或几十户，多数由互助组合并而成。社员按入社土地亩数交纳股金，多以牲畜、农具、种子、肥料、饲草或副业原料抵算。土地全部由社统一安排种植，分配是以地亩评定产量、劳动记工分，按"地五劳五"或"地四劳六"分红。年终结算，分配兑现。

1955 年冬至 1956 年春，全县掀起了合作化运动的新高潮，初级社转为高级社。于庄几个小社合并为一个大社。高级社的土地、生产工具归集体所有。除社员留有少量的自留地外，全部统一经营、统一分配。按国家需要制定生产计划，交售农产品。社员劳动、投肥记工分，实行"按劳分配、多劳多得"加照顾的分配政策。农业合作化后，在农业上由私有制变成了社会主义公有制。

1956 年在农业合作化高潮中，在自愿原则下，个体手工业者纷纷加入了各种手工业合作社。1956 年 1 月县里对工商业户实行了公私合营，对资方所有生产资料分别折价登记，并给予定息，对资方人员安排了适当的工作。丁庄的铁匠铺和小卖铺也接受了社会主义改造。小卖铺实行公私合营后，于庄的小卖铺和附近几个村子的小卖铺变成了后来公社的供销社，小卖铺的店主成了供销社的正式职工。公社以于庄的铁匠铺为基础建成了铁业社。

1958年9月毛泽东关于"还是人民公社好"的指示发表后，陵县在全县范围内开展了人民公社化运动。人民公社实行"政社合一""工、农、商、学、兵五位一体，农林牧副渔统一经营"。特点是"一大二公"。实现公社化以后，有一段时间的组织形式是，公社按军事编制组织大兵团作战，生产管理上强求整齐划一。确定营（相当于现在的管区）以上搞社办工业，营以下以农业为主。以粮为纲，统一种植，对产量层层下达高指标。财务收支由公社统一核算，统一支配，搞了"一平二调"。在人民公社化运动中，于庄作为连的编制，以农业为主。

1962年，陵县认真贯彻中共中央制定的《农村人民公社工作条例》，简称《农业六十条》，将公社体制改为三级所有，队为基础，以生产队为基本核算单位。于庄分为四个生产队。在分配上，于庄实行了"按劳分配"加照顾的原则。

1978年12月，党的十一届三中全会后，逐步实行了农业生产责任制。1979年开始实行以"五定一奖"（定人员、定任务、定措施、定时间、定报酬，超额完成任务奖励）、"联产计酬、责任到人"（按产量或产值记工，按地块、作物或专业分工到人）为主要形式的责任制。1980年逐步发展成包产到户、包干到户、专业承包等几种形式的责任制。于庄的生产责任制形式主要采取的是包干到户的形式，全村分为四个生产队，在生产队统一管理下，实行分户经营。土地按人口、劳力比例承包到户。对社员不定工，不计工分，不统一分配，只定提留，年初一次定死。村民全年收入完成提留后，全部归户。

（四）于庄的农业

解放后，于庄的粮棉生产出现较好的势头。1949年至1957年，8年间粮食平均亩产191斤，棉花平均亩产27斤。比起1949年，粮食每亩增产39斤，棉花每亩增产5斤。1958年至1962年，因受"左"的错误影响和严重自然灾害，生产下降，粮食平均亩产下降到105斤，棉花亩产下降到9斤。1965年，粮食平均亩产223斤，棉花平均亩产30斤。实行联产承包责任制后，于庄的粮棉产量有了大幅度的增长。1978年粮食平均亩产391斤，棉花产量仍停滞不前。1979年至1983年，五年间粮食平均亩产664斤，棉花平均亩产105斤（皮棉）。

于庄的耕作制度历来沿用二年三熟制，即第一年春播作物（谷子、高粱）收获后秋种小麦；第二年小麦收获后播种玉米或其他作物。耕作方式为：春种——秋种——夏种，二年进行一次轮作循环。亦有以高粱、玉米与豆类、薯类兼作或混作。建国初期，间作面积虽有扩大，但仍沿用二年三熟耕作制度。1965 年开始推广麦田套种。先是套种花生，后串种玉米。1975 年前后，麦田串种玉米较为普遍，形成"一年二熟"的耕作制度。同时也推广过"三种三收"，因水肥条件有限，耕作困难，未能推广普及。于庄也曾推广过"棉肥间作""一肥一粮""二肥一粮"等耕作制度。现在主要的耕作方式仍然是二年三熟的耕作制度。

于庄的农业生产用具与农业机械分旧式农具和新式农具。旧式农具主要有木犁、木耙、木耧和铁木大车等；小农具有锄、镰、锨、镢等；提水浇地使用辘轳。这些基本的农业生产用具都是历史上延续下来的。农业合作化后，新式农具逐渐代替旧式农具。新式农具主要有七寸步犁、双轮双铧犁、铁制三腿耧、马拉播种机、三齿耘锄、胶轮推车、畜力胶轮大车、马拉水车、手摇水车等。在农业生产中，人力和畜力农具占重要地位。联产承包责任制后，几家联合购买拖拉机、收割机、播种机、水泵等农业机械。

二、于庄的节日风俗和文化

（一）于庄的传统节日与传统风俗

春节是最隆重的传统节日。正月初一日为春节，俗称过年。春节前，在外地工作的人员和在外地上学的学生多习惯于回村过年，全家团聚。进入腊月后，人们开始置办年货。腊月二十三日前打扫房屋，刷洗门窗，"祭灶"。腊月二十三日为辞灶节，家家以麦芽糖祭灶，把贴在灶上的灶王像揭下来晒干，晚间以火焚之。如家中有人外出未归，就留至除夕再烧，据说是怕把外出的人"辞"到外边。然后再贴上新灶王像，并写一对联"上天言好事，回宫降吉祥"。

除夕之夜，各家族欢聚在一起，由长辈率领到各家族的坟地鸣放鞭炮，迎接去世祖先回家过年。然后全家围坐在一起饮酒叙谈至深夜，俗称"守年"。正月初一凌晨，家家吃水饺，饭前晚辈给长辈叩头，饭后先本族后乡里，挨家挨户拜年。初二上坟，俗称"送神"。初三至十五元宵节前，是去亲戚朋友家拜年的日子。

正月十五日过元宵节，也叫"灯节"。十五日早起床，放鞭炮，吃水饺。年景好的时候排练秧歌，到邻近的村子演出，邻近的村子里有秧歌队的也会到于庄来表演，通过这种方式加强村与村之间的联系。

正月二十五日是填仓日，俗称"打囤"。这天凌晨，家家用草木灰在屋内、院门口画成囤形。院内和门口的放五谷，象征"粮囤"；屋内的放钱币，象征"钱囤"。上面都覆盖砖瓦，叫"压囤尖"。日出揭去囤尖叫太阳晒，如无大风即为"收囤"，预示丰收之意。过去家家吃糕，名为"扬风糕"。现在都吃水饺代替糕，同时鸣放鞭炮。

七月十五日俗称中元节。村民这天中午吃包子，所以中元节已成"捏嘴节"。其意为麦收后，一直吃细粮，至此该吃粗粮。《德县志》载："十五日为中元节，具酒馔祭先墓，仪如清明节。"于庄至今仍因沿此俗。

十二月初八为腊八节，在这天用黍米、五谷和枣煮粥。据《德县志》记载，十二月初八这天"喝五谷枣果煮粥，名为腊八粥。"

除了以上具有农耕文化特色的风俗习惯和传统节日外，还有清明节、端午节、中秋节、重阳节等传统节日。

（二）于庄的"衣食住"文化

1949年以前，村里人多数穿自己家里纺织的"土布"衣服，少数的富户人家穿"洋布"。春秋穿夹袄，夏天仅穿一裤一褂，冬季穿棉裤、棉袄。家境富裕者，冬穿棉袍，春秋穿大褂。衣服的颜色男者多为青蓝色，女者多为花色，女青年喜欢穿红、绿、花布和绣花鞋。1949年以后，细布逐渐代替粗布。衣服的颜色和样式也有很大的变化，男女服装花色新颖品种繁多，分春、夏、秋、冬各式服装。

陵县所属的华北平原的村庄是属于"密居制"的。日本学者长野朗在二十世纪三十年代所观察到的数户或数十户聚落而成为一村的景况，因人口的增加而发生了变化。现在陵县乡村一般都是上百户、上千人聚落而成。但长野朗所总结的村庄分布呈"密居"的格局依然存在。①

建筑学家一般从地理位置上将中国的住宅分为"华北及东北区""晋豫陕北之穴居窑居区""江南区"和"云南区"四个区域。② 根据以上的划分标准，于庄的住宅结构特征是属于"华北及东北区"的。于庄的住宅安排是南北方向的，院落之间是紧挨着的。每个院落的建筑都是封闭式的。正房一般都是面南背北。

于庄人修建房屋是很讲究"风水"的。房屋的选址和破土动工的日子都

---

① （日）长野朗. 中国社会组织（朱家清译）. 上海：上海光明书局，1931.
② 梁思成. 中国建筑史. 天津：百花文艺出版社，1998. 324～327.

要请风水先生来帮助决策。修建房屋是件大事情，没有哪家不经过这一程序的。于庄邻居之间因风水问题发生纠纷的不少，在于庄人看来，一家的风水是以侵害他人的风水为前提的。为了解决风水的问题，有些家的房顶上会有些古怪的布置。这些古怪的布置不是随便搞的，而是经风水先生的指点布置的，据说可以防止和破除家里的灾难，但也可能因此而坏了别人家的风水。因为这个问题发生纠纷的事情经常出现。对中国风水的研究除了人文地理学者研究之外，[1] 人类学学者对此也有研究。在人类学的视野中，"风水"就是居民对他们生活空间的一种解释规则。[2]

　　房屋过去主要是土木结构平顶房。家庭较贫者多为土墙、土屋顶；富裕户多为砖基土墙、平顶房；家庭条件再好点的是高墙基土木结构平房，还有的是砖木结构瓦房。村民一般喜欢四合院，家境好的家庭的东、西、南、北"四房"俱全，家境较差的则式样不一。北房多为三间，中间做饭，东西间住人，习惯睡土炕。冬季取暖，一般村民靠烧炕和烧火做饭来取暖。条件好的，冬天安风门、吊棉门帘，夏天吊竹帘。一般是长辈住北房上首房间，晚辈住北房下首房间或东、西、南的偏房。北房的中间一间房子是一个家庭的主要活动中心，过年的时候家谱供奉在中间那间房子里，烧火做饭的灶台一般都在中间那间房子里，灶台后面的墙壁上供奉着灶君像。长辈的房间有时也兼做客厅和餐厅。

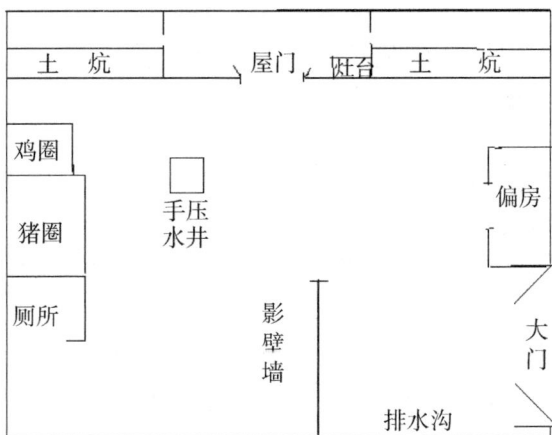

图2—1　于庄村民住宅的空间布局（20世纪80年代）

① 参见刘沛林. 风水：中国人的环境观. 上海：三联书店，1995.
② 王斯福. 中国风水：历史与文化. 见：王铭铭和潘忠党，主编. 象征与社会：中国民间文化的探讨. 天津：天津人民出版社，1997. 176～186.

建国后，村里的住房有很大的改进。1956 年后，村子里开始出现土木结构的挂瓦房。上世纪 70 年代以后，旧式平顶房已寥寥无几，挂瓦房逐年增多。90 年代后出现了楼房。70 年代以前，房架一般是七檩，檩条的跨度一般是 3 米。70 年代后，一般是九檩或十一檩，檩条跨度一般是 5 米左右。做门窗和檩条的木料多数来自东北的林区。过去门窗的内糊纸改为玻璃。冬季取暖以无烟煤为主，辅之以柴禾烧炕。

在饮食方面，解放前，村民以谷子、高粱、玉米为主食。将粗粮面做成饼子或窝窝头。一日三餐，早晚喝粥，吃咸菜，中午吃干粮、熟菜或咸菜。家境好的小米面加豆面；中等条件的家庭，玉米面或高粱面。贫穷户，高粱面或掺糠菜。有时还做菜糠谷（用大量菜，掺上很少的玉米面或豆面，调匀平摊在篦子上蒸熟）、菜荠留、糠菜饽饽、苜蓿糊饼等。地主或商人多以馒头或小米面窝窝头为主食。逢年过节，来客人或改善生活时，主要是水饺、面条、饼、包子、馅饼（合子）和杂面条。平时习惯喝稀饭、粘粥，有时掺些萝卜、地瓜、菜类、绿豆、小豆等。建国后，村民以玉米、地瓜为主食，1980 年以后以小麦为主食，其次是玉米。肉食多为猪肉、羊肉，其次鸡、鱼等。水果以梨和苹果为主，其次是西瓜，其他果品食量较少。菜类以白菜、茄子、辣椒、黄瓜、豆角、菠菜、萝卜为主菜，还喜食大葱和大蒜。

第三节　于庄的企业

一、于集乡的企业

于庄是于集乡政府驻地，于集乡的乡镇企业大部分都在于庄。在于庄村界内的企业分为三类：一是由乡里投资兴办的企业；二是由村里兴办的村办企业；三是私营企业。

乡里投资兴办的企业主要是乡政府（当时叫人民公社）二十世纪六七十年代建立的砖瓦厂、农机厂和被服厂（见表 2—2）。农机厂和被服厂在于庄界内，砖瓦厂建在于庄西面的一个大盐碱地里。此外，还有供销社、粮站、食品站和废品收购站等单位。这些都属于乡集体所有制单位。乡政府机关和中学、卫生院，还有一家农村信用社的储蓄所也都在于庄。乡里的机关单位和事业单位的工作人员大部分都是国家的正式职工，乡里的企业主要是面向全乡招收工作人员，除了少数几个国家正式职工外，大部分都是临时工。进乡里的企业做工要有关系，因为在联产承包责任制前，成年劳动力不参加生产队的集体劳动要经过村委会和生产队的批准。于庄因为地缘的原因，有一些于庄村干部的子女和亲戚到乡里的企业做临时工。

表2—2　于庄社办企业基本情况统计表

公社	厂名	建厂时间	投产日期	固定资产（万元）	厂房（间）	职工人数	主要设备					
							车床	汽车	电磨	砖瓦机	缝纫机	其他
于集	农机厂	66.3	66.5	15	27	45	2					7
	砖瓦厂	75.5	76.8	32	80	21				2		5
	被服厂	78.6	79.1	8	22	30					24	2

注：本表是1981年底统计的数字。资料来源《陵县志》1984年版。

　　改革开放后，于集乡的乡镇企业得到了较快的发展。乡里的发展思路是，立足招商引资和发展民营经济，围绕"农业增效、农民增收"这一主题，坚持"工业强乡，畜牧业富民"。形成了纺织业和奶牛养殖业两大主导产业。全乡形成了以颜春、康达、银河三大企业为龙头，于庄——张西楼公路线、向阳路公路线为主体的棉纺织工业群。2005年全乡实现财政收入800万元，其中工商税收500万元，占全乡财政收入的70%。被德州市委、市政府定为经济强乡。

　　于集乡的三个龙头企业集团有两个在于庄的村界内，一个是于庄的村办企业德州颜春纺织集团有限公司，该企业是德州市50强企业。另一个是银河棉纺织有限公司，是私营企业，位于于庄工业园区，由烟台银河纺织有限公司与陵县汇丰油棉加工厂共同出资建立的棉花收购、加工、纺织综合型企业。主要生产品种有纯棉21S、32S、40S、普梳针织棉、涤棉22S、45S涤棉纱，各种级别优质皮棉、棉籽。

　　康达纺织有限公司是由天津市第一棉纺织厂和张西楼纺纱厂合资兴办的棉纺织企业，占地面积10万平方米，员工450人，总资产3600万元。康达的棉纺能力达到3万纱锭，拥有国内最先进的气流纺生产线，主要产品有21支至45支纯棉纱，产品达到国家一级标准。该企业在于集乡张西楼村界内，距于庄3公里，在于庄的正西方向，有一条四车道柏油公路连接两个村庄。

二、于庄村办企业的发展

　　改革开放前的于庄是个典型的农业村落，经济结构单一。针对于庄盐碱地多，水浇条件差的情况，村党支部和村委会带领群众兴修水利，打井挖渠，改善生产条件，提高粮食产量，解决了群众的温饱问题。

于庄的村办企业是在改革开放后逐步发展起来的。经济发展的实践使于庄人认识到，没有强大的集体经济办不了大事，单靠人均一亩耕地富裕不了。"要想富，搞工副"成了于庄党支部和村委会班子成员的共识。

（一）电动磨房——于庄的第一个村办企业

1958 年，于庄所属的陵县建成第一个小型发电厂，配有 150 千瓦发电机、135 马力柴油机各一台。当年 10 月 1 日发电厂开始发电，仅供县委、县人委照明用电，后供县医院、德陵供销社门市部用电。1960 年，开始白天供机械厂、木业社等单位生产用电，夜间供党政机关、医院、商业门市部照明。农业供电在 1970 年前，仅对袁桥、抬头寺、曹村三个公社的部分生产队供电，直接由德州电厂供给。1970 年 10 月 15 日，济南黄台电网正式供电。同日，位于县城东北 2 公里左右的丁家变电站正式投产运行。陵徽线电力线路（从丁家变电站至徽王变电站，全长 16 公里）建成投产。于庄位于陵徽线之间。1980 年，全县已社社通电。

于庄人均 1 亩多耕地，截至 1978 年的粮食亩产才达到 391 斤，已基本解决温饱，但尚不富裕。村民的粮食以小麦和玉米为主。由于小麦的产量相对较少，且小麦的价格比玉米的价格高，人口多的人家为了多换些粮食，经常以小麦换玉米。村民的小麦也都是自己到磨房加工成面粉，很少有人家到县城的大面粉厂去兑换面粉。因为到大面粉厂兑换面粉不仅收费高，而且每百斤小麦给的面粉少，麸皮多。在粮食，尤其是小麦不很富裕的情况下，村民们很在乎粮食的加工方式。玉米只能到磨房去加工成玉米面。

于庄家家户户都有饲养家畜和家禽的习惯。在家庭联产责任制前，马、牛、驴、骡等大牲畜由生产队集体饲养。但家家户户都饲养猪、羊、鸡、鸭、鹅等家畜和家禽。家畜和家禽的饲料主要是由庄稼的秸秆加工成细面状，加少许的粗粮做饵而成。所以于庄村民及附近村的村民对粮、料的加工需求量大。

当时由于电力的紧张，电动磨房很少，只是在变电所附近的地方才有电动磨房。在于庄东南 4 公里的丁家有一个电动磨房，但也仅有 3 台电磨。一台加工小麦面粉的，一台加工玉米面的，还有一台是加工饲料的。方圆十几公里范围的村民都去那里加工粮食和饲料。对一个家庭来说，加工粮食和饲料是比较重大的事情。村民由于不能及时加工粮食而到邻居家借玉米面或面粉的事情是经常发生的。为了加工粮食和饲料，有时两个家庭主要成员带着干粮，用手推车或拉车步行数里路去加工。当天排不上号，或突然停电不能加工的就在那里将就着住下。

基于实际情况，于庄党支部及村委会就酝酿着在村里建一个电动磨房，一方面可以方便村民，另一方面可以赚些钱增加集体收入。更主要的是于庄有建电动磨房的有利条件，作为公社驻地，农电已经通到于庄，只需不大的努力就可以解决动力电的问题。关键是资金的问题。1979 年，支部一班人想方设法筹集资金 5 万元，开办了一个电动磨房，一年下来，营利 2 万多元。

（二）榨油厂——于庄的第二个村办企业

本县的油料加工历来靠体力劳动，用铁锤打、榨而成。1949 年本县的滋镇油厂开始使用机械。但在农村，大部分油料仍由人力、畜力加工。二十世纪七十年代，由于机械、电力逐年增加，许多社队建立了油料加工点。滋镇油厂建于 1946 年，刚开始以庙宇做厂房。1949 年有厂房 450 平方米，柴油机两台。1981 年，拥有厂房 3315 平方米，柴油机三台，主要加工大豆、花生、棉籽、麻籽等油料。

从 1978 年到 1983 年，这五年间陵县的棉花产量增长特别快（见表 2—3）。自 1949 年至 1979 年三十年间，棉花亩产量始终在二三十斤上徘徊，最高年份也不过四十斤左右，总产量常年在四五百万斤，好年景六七百万斤，最高年份达九百多万斤。1980 至 1983 年，四年连续大幅度增产。1983 年，单产达167 斤，总产达 9020 万斤。1984 年全县棉花大丰收，总产超过百万担。面对积压如山的棉花，于庄支部和村委会审时度势，抓住机遇，当机立断，决定建立榨油厂。

表 2—3　1978～1983 年棉花产量情况表

年份	播种面积（百亩）	总产量（万斤）	亩产量（斤）
1978	1765	382.52	22
1979	1826	539.65	30
1980	2539	2304.35	91
1981	3849	4644	121
1982	5250	6199	118
1983	5400	9020	167

资料来源：根据陵县统计局统计资料整理。

电动磨房经营了四五年，村集体不仅积累了经验，还有了十几万元的资金。为筹建榨油厂，村委会主要成员分头跑关系筹建新厂。厂址就选在于庄村南面的苇子地。这地方离村子较远，周围很少有住户，建新厂房不用和村民直接打交道。资金缺口仍然由村委会出面向银行贷款。村支书为了和电业局搞好关系，给电业局的领导送了一些土特产品。电业局给予于庄充分的支持：一是帮助于庄的榨油厂架好了线路，调试了设备；二是在电力资源比较紧张的情况下尽量保证供电。在村支部和村委会的努力下，榨油厂在短短三个月的时间内就建成了。

榨油厂建成后，于庄已经有了两个村办企业。于庄面临的问题是电路及机械设备的维护。于庄决定培养自己的电工，村里决定让曾在部队做过电工，有一定电工基础的退伍军人出身的青年于哲到县电业局办的技校去培训。经过一年的学习，于哲基本能承担起本村线路和机电设备的维护任务。后来村里又给于哲配了一名助手。

榨油厂建成后需要一批工人，村里决定首先在本村解决用工问题，每个生产队按人口比例分配名额，以生产队为单位采取自荐和推荐相结合的办法选拔工人。由于当时已经实行了家庭联产承包责任制，所以，对工人的报酬不再采取记工分的形式，而是采取工资制。大约有30多人到榨油厂上班，都是青壮年男劳动力。

由于当时的电力比较紧张，时常停电。电动磨房对电的供给要求不高，至多是停电的时候不加工，什么时候有电就什么时候加工。而榨油厂对电的供给要求高，如果一锅油在熬制过程中突然停电，可能会使这锅油全部报废，损失惨重。村支部和村委会找关系、托人情，但还是不能彻底解决全天供电的问题。村里决定自己买发电机解决电的问题。正好这时乡里的采购站要征用于庄的一块土地，作为交换条件，村里要求采购站给买一台135千瓦的柴油发电机。最后双方达成协议。于庄在榨油厂和电动磨房之间找了个合适的位置建起了自己的"发电厂"。当停电的时候，就自己发电以应急。

于庄的"发电厂"建成后，除了能满足榨油厂和电动磨房的动力需要外，还能供给全村的照明用电。所以，于庄基本上家家户户都通上了电，用上了电灯。于庄是全乡第一个全村都用上电灯的村子，这在全县也为数不多。

于庄榨油厂建成后所生产的主要是棉籽油，除在本地销售外，还销往外地。主要原料棉籽来源于本县，在需求量不是很大的时候首先是在本乡收购，后来需求量增加，就在本县范围收购，间或也有外地送货上门的。逢年过节的时候，村里也按人口分点油作为福利。榨油厂生产的棉籽油作为礼品，为于庄找关系、托人情立下了功劳。

到 1986 年底全村公共积累资金已达 200 多万元。随着商品经济的发展，面对波澜壮阔的商海，于庄又开始了新的企业发展计划。

（三）从织布厂到颜春集团——于庄企业的发展壮大

1987 年春节刚过，于庄村党支部和村委会班子主要成员就到外地参观学习。通过考察、学习，看到了与发达地区的差距。回村的当天晚上，就召开了支部扩大会议，决定利用于庄地处产棉区的有利区位，发展以纺织业为主的工商业。当时决定建一个织布厂。

经过半年的不懈努力，一个 16 台织机的织布厂于当年的 7 月份建成投产，当年盈利 10.4 万元。1988 年增添了 42 台织机。1989 年又增添了 34 台织机。并投资 180 万元盖了 5 栋锯齿厂房，新上了锅炉，打了深井，上起了整经机、浆纱机、槽桶机等设备，实现了整经、浆纱、织布一条龙生产。这些措施大大提高了经济效益和产品质量，其中棉本色布达到了国际标准，被评为省优质产品。到了 1993 年，公共积累已达到 800 万元。从 1989 年到 1993 年，市场一直疲软，企业在低谷徘徊。

1994 年，于庄又一次抓住机遇，投资 468 万元上了一条印染生产线，成立了德州明星纺织印染厂，使原有企业不仅能整经、浆、织，而且能染，产品的深加工给企业带来了丰厚的效益。

1999 年，于庄多方筹集资金 1500 万元，新上了 15000 纱锭的纺纱厂。经过几年的不断完善。目前，纺纱规模已经达到了 30000 纱锭，拥有 2 台气流纺。200 台织机、一套印染流水线。集团资产总额达到 5500 万元，拥有员工 980 人，高级工程师、工程师达 30 多人。企业通过 ISO9001 认证，产品达几十个品种，销往全国各大城市，并出口越南、韩国及东南亚地区。2002 年，集团实现产值 6500 万元、利税 500 万元，全村人均收入突破 4000 元。2003 年 11 月将原德州明星印染厂改制为山东颜春纺织有限集团公司。集团占地面积 4.5 万平方米，注册资金 2000 万元，总投资 8502 万元，现有干部职工 921 人。其中高级工程师 2 人，经济师 1 人，中级职称 6 人。公司由纺织、织布、印染三个分厂组成，是集纺织、织布印染为一体的国家中型二档企业。纺织厂现有三万环锭纺。公司于 2003 年 3 月通过了北京 EQA 认定中心认定，并于 2003 年 11 月份审办了自营出口权，产品销往俄罗斯、韩国，以及越南等东南亚国家和地区。主要产品有各种规格的纯棉棉布。2004 年的产值达 7000 万元，利税 800 万元。

第三章

于庄的城镇化

第一节　农村城镇化理论

一、城镇化的内涵

（一）关于城镇化的几种观点

城镇化是一个内涵很丰富的概念，不同的研究者从各自不同的学科角度对城镇化进行了研究。城镇化的核心是人口就业结构、经济产业结构的转化过程和城乡空间结构的变迁过程。城镇化的本质内涵包括三个方面：人口的城镇化、区域的城镇化和经济意义上的城镇化。城镇化并不只是农业人口向城镇的空间转移，而是应该发挥城镇生产要素的积聚和辐射作用，以实现经济结构的转型、农民素质的提高、社会观念的更新和现代文明的普及。[①]

所谓城镇化，就是指农村人口不断向城镇转移，第二、三产业不断向城镇聚集，从而使城镇数量不断增加，城镇人口规模与地域规模不断扩大的一种自然社会历史过程。从质的规定性看，城镇化是一个不断被城镇同化的过程，在这个过程中，城镇的先进生产力、现代文明与生活方式不断向农村传播与扩散，最终达到与城镇共享的态势。从量的规定性看，城镇化又是一个不断被城镇"量化"的过程。在这个过程中，农村的地域不断转化为城镇的地域，农村的人口不断转化为城镇人口，城镇数量不断增多和城镇规模不断扩大。[②] 也有研究者认为城镇化是指"人类生产和生活方式由乡村型向城市型转化的历史过程，表现为乡村人口向城市人口转化及城市不断发展完善

[①] 李宏. 城镇化背景下的农村教育. 小城镇建设, 2004, (12): 66~67.
[②] 姜爱林. 城镇化与工业化互动关系研究. 宁夏党校学报, 2004, (5): 78~83.

的过程"①。

王雪莲和王绪朗将城镇化分为物化的城镇化和无形的城镇化。物化的城镇化指物质上和形态上的城镇化，主要反映在人口的集中、空间形态的改变和社会结构的变化方面。无形的城镇化指精神上、意识形态上的城镇化和生活方式的城镇化，主要反映在农民意识和农村生活方式向城镇意识和生活方式的转变。②

有的研究者将城镇化的概念更具体明确为农村城镇化。农村城镇化是指主要通过县城及县城以下的小城镇实现农村人口转变为城镇人口的过程。从表面来看，农村城镇化通常指劳动力（或人口）向城镇地区集中和农村地区转变为城市地区的过程，但其本质是生产要素重新配置的过程。生产要素的配置是通过劳动力的产业转移和空间转移来实现的。也就是在农业生产力和非农产业发展的基础上，实现农业和非农产业、从事农业的人口和从事非农业的人口在地理空间上的分工和分离，使非农产业和人口在较大的地域范围内集聚，使传统的农村生活方式向现代文明的城市生活方式转变。③农村城镇化不仅表现为农村社会制度与经济结构的调整与变迁，在更深层次意义上，它是一个文化变迁与文化革新的过程。④农村城镇化是农地适度规模经营后解决剩余劳动力的必然选择，是乡镇企业进一步发展的客观要求。中国特色的城镇化，指城镇化是与农业、农村和农民问题紧密联系在一起的，要在我们这样一个人口基数大、农民占大多数的国家实现城镇化，其实质就是农民问题的解决，解决这个问题的根本出路在于推进城镇化。⑤

关于城镇化，社会学关心的是人们行为方式和生活方式由乡村社区向城市社区的转化以及由此引起的各种社会效应。⑥

---

① 李少元.城镇化对农村教育发展的挑战.中国教育学刊，2003，（1）：15～18.
② 王雪莲、王绪朗.论农村城镇化与农民生活质量.小城镇建设，2004，（11）：50～51.
③ 张超.我国农村城镇化发展的原则与对策.学海，2005，（5）：92～95.
④ 李静波、郭丹丹.城镇化进程中农村教育的文化使命.国家教育行政学院学报，2004，（1）：33～38.
⑤ 茅炫.城镇化进程中农民向非农的转化.深圳大学学报（人文社会科学版），2004，（4）：70～73.
⑥ 注：1988年，中国学术界将常住人口在2500人以下，农业人口超过30%的居民点称为乡村。乡村泛指县城以下的广大地区，因其产业结构以农业为中心，故传统习惯认为乡村即农村，是农业生产和农民聚居的地方。

（二）城镇化的特征

城镇化的本质特征主要体现在三个方面：一是农村人口在空间上的转换，二是非农产业向城镇聚集，三是农业劳动力向非农业劳动力的转换。从一般城镇化的过程来看，城镇化具有五个方面的特征：一是方向性，二是时效性，三是空间地域性，四是广泛性，五是分化与变化性。①

秦润新研究了农村城镇化的特征：一是时间特征，表现为过程和阶段的统一，以渐进为主；二是空间特征，表现为城镇结合，以镇为主；三是就业特征，表现为亦工亦农，非农为主；四是生活方式特征，表现为亦土亦洋，以"洋"为主。五是亦旧亦新，以新为主。②

辜胜阻研究了发达型城镇化与发展型城镇化的特点。发达型城镇化有四个特点：一是城镇化起步早，城镇化和工业化所需要的初始资金有相当大的比重来自国外；二是城镇工业化是以乡村工业的高度发展为前提；三是城镇化的原动力一般是以轻工业为先导的工业化；四是城镇化都经历了"集中—分散"的过程。发展型城镇化主要有五个特点：一是原始积累主要来自农业；二是偏重于发展第三产业，而非发展第二产业，即工业化；三是具有明显的二元结构；四是动力机制主要是推力而非拉力；五是城市贫民占有很大比重。③

（三）城镇化与城市化

"城镇化"概念产生于"有计划的商品经济时代"，与"城市化"相对应，特指意图通过农村工业化进程实现农村人口离土不离乡的空间转移，通过优先和积极发展农村小城镇推进中国城市化进程。自从 1982 年中国城市与区域规划学界在南京召开"中国城镇化道路问题学术讨论会"后，许多学者和政府决策者开始用"城镇化"来表述和主张中国特有的"农村城市化"现象和道路。④ 在《中华人民共和国国家标准城市规划术语标准》中给城市化下的定义是："人类生产和生活方式由乡村型向城市型转化的历史进程，表现为乡村人口向城市人口转化以及城市不断完善的过程。"城市化作为一种人类社会进步的历史过程，包含着两方面的含义：一是农村城镇化，变乡村社会为城市社会；二是城市自身的发展变化。

城市化和城镇化是两个不同的概念，城市和城镇存在着明显的景观差异和

---

① 王振亮. 城市空间融合论. 上海：上海复旦大学出版社，2000，18 ~ 19.
② 秦润新. 农村城镇化理论与实践. 北京：中国经济出版社，2000，25 ~ 27.
③ 辜胜阻. 人口流动与农村城镇化战略管理. 武汉：华中理工大学出版社，2000，64 ~ 67.
④ 杨新海，王勇. 城镇化的背景与发展趋势. 城市问题，2005，（4）：2 ~ 6.

空间结构的不同。英语中的 urbanization，在汉语中被分别译为"城市化"和"城镇化"，二者长期混用，但前者代表着工业在城市扩张，农村人口向城市转移的经典城市化道路，而后者则代表"离土不离乡，进厂不进城"，优先发展小城镇的特色城镇化道路。从严格意义上说，城镇化和城市化代表城市化的两个不同发展阶段，农村城镇化是城市化体系中的重要组成部分。农村城镇化指以乡镇企业和小城镇为依托，实现农村人口由第一产业向二、三产业的职业转换过程，居住地由农村区域向城镇区域迁移的空间聚集过程，表现在农民生活水平的提高、生活质量的改善和整体科技文化素质的提高。农村城镇化主要是指农村人口区域内的小城镇转移和集聚的"镇化"过程。城市化的侧重点主要是指农村人口向大、中城市转移的"城化"过程。城镇化涵盖不了城市化的全部和重要内容，小城镇是城市化的一个过渡层次，是城市体系中的一个底层组成部分。城镇化模式的基本结构是城镇化＝城市化＋乡镇化。城镇化不仅包含了城市化的主张，也指出了乡镇化的导向。①

从社会学角度看，城市化是人类文化教育、价值观念、生活方式、宗教信仰等社会演化过程，是社会结构的变化，是在各方面更加社会化的过程，是个人、群体和社会之间相互依赖加强的过程，是传统性逐渐减弱，现代性逐渐增强的过程（姜爱林，2003）。城市化实质上是一个以人为中心，受众多因素影响的、极其复杂多变的系统转化过程，包括硬件结构和软件结构两大系统的更替和提升，是从传统社会向现代文明社会全面转型和变迁的过程。城市化的内涵包括质和量两个方面。一方面是城市化的数量过程，城市化是指农村人口变为城市人口，农村地域变为城市地域的过程。另一方面是城市化的质量过程，城市化是指城市文化、城市生活方式和价值观等城市文明在农村地域的扩散过程。② 城市化的本质内涵至少体现在四个方面：一是城市对农村影响的传播过程，二是全社会人口接受城市文化的过程，三是人口集中的过程，四是城市人口占社会人口比例提高的过程。③ 用"质"的要求衡量，"城镇化"难以形成真正意义上的"城市化的居住条件、环境和生活方式"。④ "城镇化"距离"城市化"的本质内涵相去甚远，"城市化"不能简单用农村小城镇建设来替

---

① 俞宪忠. 是"城市化"还是"城镇化"——一个新型城市化道路的战略发展框架. 中国人口资源与环境，2004，（5）.

② 周毅. 城市化释义. 嘉兴学院学报，2004，（1）：77～83.

③ 许学强等. 城市地理学. 北京：高等教育出版社，1997，44.

④ 陈昭锋. 我国城市化的困境. 城市问题，2004，（2）：6～9.

代或实现。

关于城镇化内涵的两个经典解释，一是李树琮的解释"城市化又称为城镇化或都市化，是指变农村人口为城市人口的过程，或人口向城市集中的过程"。另一个是美国新版的《世界城市》一书的定义，"都市化是一个过程，包括两个方面的变化，其一是人口从乡村向城市运动，并在都市中从事非农工作。其二是乡村生活方式向城市生活方式的转变，包括价值观、态度、行为等方面"。关于城镇化内涵的两个经典解释尽管没有区分城市化与城镇化的差异，但可以从文字表述中看出城镇化是城市化的一个组成部分。与中国社会结构的二元性相一致，城镇化也是二元的。一方面是国家投资进行的城市化，另一方面是地方投资和农民投资的农村城镇化。

关于城市化的主要代表观点有：一是"人口城市化"，这种观点将城市化理解为农村人口转化为城市人口的，或农业人口转化为非农业人口的过程。埃尔德里奇认为"人口的集中过程就是城市化的全部含义"。克拉克则将城市化理解为"第一产业人口不断减少，第二、三产业人口不断增加的过程"。

二是"空间城市化"观点。这种观点把城市化理解为一定地域内人口规模、产业结构以及人们的生活方式等要素转换或重组的动态过程，是社会生产力的发展所引起的人们生产方式、生活方式、居住方式和交往方式等发生转变的过程。主要表现在生活方式的城市化方面。日本社会学家矶村英一把城市化分为动态的城市化、社会结构的城市化和思想感情的城市化。

三是"乡村城市化"观点。这种观点把城市化理解为变传统落后的乡村社会为现代先进的城市社会的自然历史过程。沃思认为"城市化是指从农村生活方式向城市生活方式发生质变的过程"。

关于城市化的动力机制问题。辜胜阻、刘传江（2000 年）在其《人口流动与农村城镇化战略管理》一书中指出，城市化的动力机制主要是产业结构的转换引起的。崔功豪、马润朝（1999 年）着手研究自下而上的城市化动力机制，认为地方政府和居民群体力量是推动城市化发展的主动力因素。宁越敏（1998）、顾朝林（1995）、周一星（1998）等学者分别从不同角度探讨了我国现阶段城市化动力机制问题，得出的共同结论是我国过去的一元或二元动力已被当今多元动力所代替。丁登（2001）进一步指出，新时期城市化机制应是内生/外生城市化复杂的互动过程。

（四）传统城镇化理论

农村向城市转移型理论，英国的城镇化是印证这种理论的典型代表。城市向农村扩张型理论，中国的苏南模式、珠江三角洲模式，韩国、泰国的城镇化是印证这种理论的典型代表。农村内生型理论，在农村区域内部发展农村工业，实现农村工业化，然后将已经工业化的这一区域扩张为城镇，逐步实现农村城镇化。在我国，这种城镇化类型最为典型的就是在农村区域内部通过发展乡镇企业，实现农村内部的城镇化。以上三种城镇化理论都强调农村城镇化必须经过工业化才能完成。

王先锋提出了"飞地型"城镇的概念。是指在贫困落后国家和地区中的飞地区域里，由于飞地的特殊性而形成和发展起来的特殊城镇类型。①

据美国城市地理学家纳塞姆在其《城市地理》一书中提出了城镇化发展的 S 型曲线理论，城镇化水平在 30% 以下为初期平缓发展阶段；城镇化水平在 30%～65% 或 70% 为中期高速增长阶段；70% 以上则为后期平稳发展阶段。

佩托·霍尔的六阶段理论。佩托·霍尔从人口学的角度，根据人口迁移规律，将城镇化划分为六个发展阶段。

凡·登保的三阶段理论。英国学者凡·登保 1982 年在其著作《城市生活周期和发展阶段》中，从经济结构角度出发把工业革命以来的城镇化划分为三个阶段。

路易斯的农村小城镇理论。发展经济学家路易斯在对发展中国家的城镇化做了研究后指出："一个城市在其规模达到 30 万人以后，就会失去其规模经济效益。相当经济的办法是发展大批的农村小城镇，每一个城镇都拥有一些工厂、电站、中等学校、医院以及其他一些能够吸引居民的设施。"

以上所述概念、理论和观点对本研究具有重要的参考价值。本研究使用的是农村城镇化这一概念，并且把农村城镇化界定为通过农村工业化将大量的农村人口转变为城镇人口，并获得城镇生活方式的过程。农村城镇化不但表现为人口就业结构、经济产业结构的转化过程和城乡空间结构的变迁过程等物化的城镇化，还表现为农民意识和农村生活方式向城镇意识和生活方式转变的无形的城镇化。本研究认为，农村城镇化的过程也是农民成长为市民的过程。

二、农村城镇化与工业化的关系

所谓工业化是一个国家由传统的、落后的农业国向现代的、先进的工业国

---

① 王先锋．"飞地"型城镇研究：一个新的理论框架．农业经济，2003，(12)：21～30．

转变的一系列经济社会与文化发展过程。工业化通常表现为三种形态：一是在工业生产内部，现代工业取代手工业和家庭工业占据优势地位；二是在国民经济层面，制造业和采掘业明显超过其他经济部门；三是工业生产方式逐渐渗透到农业、服务业等部门。① 中国农村工业化的组织载体是乡镇企业，这是中国独有的一种企业类型。从城镇化的发展历史来看，区域城镇化水平与工业化进程密切相关。农村工业化推动了农村城镇化，农村城镇化又推动了农村工业化。

国际经验表明，在一个相当长的历史阶段，城镇化与工业化之间很大程度上具有一致性，两者之间具有明显的正相关。根据威尔科克斯的研究，在1870～1940年长达70年的时间里，美国的城镇化率与工业化率的变动曲线，几乎是两条平行上升的曲线。② 测算分析也表明，发达国家1820～1950年工业化与城镇化的相关系数平均达到了0.997。其中，1841～1931年英格兰和威尔士的工业化与城镇化的相关系数为0.985；1866～1946年法国的相关系数为0.970；1870～1940年瑞典的相关系数为0.976。著名经济学家H·钱纳里和M·塞尔昆在1975年提出了城镇化与工业化的"发展模型"，该理论概括了二者的关系。根据钱—塞发展模型，工业化与城镇化发展历程是一个由紧密到松弛的发展过程。之初的城镇化是由工业化推动的，在工业化率和城镇化率共同达到13%左右的水平后，城镇化开始加速发展，并明显超过工业化。③

大量史料证明，工业革命前城镇发展缓慢，直到1800年，世界城镇化率只有3%左右，城镇化过程尚未启动。1860年工业革命后，发生了较大变化，每50年翻一番，1850年为7%，1900年为14%，1950年为28.4%，2000年为60%。

城市问题专家吉斯特曾经指出："农业革命使城市诞生于世界，工业革命则使城市主宰了世界。城市化是工业化的必然产物，城市化水平的高低与工业化水平密切相关。工业化的过程本身就意味着工业产值占总产值的比重不断提高，在工业中就业的人口占劳动人口的比重连续上升的过程，从而形成工业化推动城市化。"诺贝尔经济学得主西蒙·库兹涅茨在《现代经济增长》一书中指出：伴随经济的增长，会出现两个重要的变化，这就是"产品的来源和资

---

① 姜爱林. 城镇化与工业化互动关系研究. 宁夏党校学报, 2004, (5)：78～83.
② （美国）沃尔特·威尔科克斯. 美国农业. 北京：农业出版社, 1979, 103.
③ （美国）H·钱纳里, M·塞尔昆. 发展形式, 1950～1970. 北京：经济科学出版社, 1998. 68

源的去处从农业活动转向非农业生产活动，即工业化的过程；城市和乡村之间的人口分布发生变化，即城市化的过程"。从这两个过程的关系来看，城市化是工业化的必然结果。吉斯特和西蒙·库兹涅茨是在广义上使用城市化这个概念的，所以他们的论述也适用于工业化与城镇化的关系。

世界银行研究在一百多个国家的城镇化与工业化的关系时发现，在人均GDP 达到1000 美元时，一、二、三产业占 GDP 的比重平均水平分别为14%、35%和51%，就业人员比重平均水平分别为28.6%、30.7%和40.7%，城市人口占总人口比重平均为53%。2004 年我国人均 GDP 虽然达到1100 美元，但一、二、三产业占 GDP 的比重分别为14.6%、52.2%和33.2%，我国第二产业比重之高和第三产业比重之低超乎寻常；2004 年底全国乡镇企业总产值15024 万亿元，占农村工农业总产值的83.69%，全国农村产业结构实现了工业化和非农化；从一、二、三产业就业人员比重看，2004 年分别为49.1%、21.6%和29.3%。我国第一产业就业比重畸高，第二产业和第三产业就业比重较低；从城镇人口占总人口比重看，我国 2004 年为40.53%，比重显然偏低。以上数据表明，我国农村城镇化与工业化尽管也体现出了一致性，但未能实现协调互动发展。

于庄的城镇化印证了上述关于工业化与城镇化具有一致性的观点，于庄以乡镇企业为组织载体的农村工业化推动了城镇化的发展，于庄的城镇化又促进了乡镇企业的发展。

三、我国农村城镇化的发展历程

按照国际通行的观点，当一个国家城镇人口比重达3% 时，就进入城镇化的起步阶段。由于种种因素的影响，中国的城镇化进程是在新中国成立后开始的。新中国成立后，我国的城镇化道路经历了曲折的过程，根据城镇化的发展速度和质量，把我国的城镇化过程划分为三个阶段。

（一）建国初期城镇化的起步阶段（1949～1960 年）

对工商业社会主义改造的完成，使国民经济迅速恢复。1953 年实施的"一五"计划于1957 年超额完成。经济的发展促进了城镇的建设和发展。这一时期是我国城镇化的健康良性发展时期，经济增长率和城镇人口增长率基本吻合，城镇化程度和国民经济的发展相适应。城镇化增长速度不快，国民经济处于恢复阶段，工业化处于初期阶段。由于当时没有农村人口进城镇定居和就业的政策性限制，城镇化的发展与国民经济的恢复和工业化的发展同步。城镇化的动力来自政府，政府自上而下地推动城镇化。形成了自上而下的政府发动型城镇化发展道路。

（二）城镇化发展的波动、停滞阶段（1965~1978年）

由于受国家宏观政策失误的影响，这一时期的城镇化经历了较大的起伏。"大跃进"时期的冒进政策使城镇人口的激增速度远远超出了国家的承受能力，国家无力支撑城镇人口的快速增长，城镇人口增长和经济增长的不协调影响了国民经济的正常发展。为了遏制这一错误倾向，国家采取了适当的调整措施。1959年开始，国际政治经济环境的恶化，也严重地影响了国民经济的发展。1960年后，全国出现了"反城镇化"的倾向。为应付国内严重的经济危机，国家撤销了一批城镇，强制性地压缩了2600万的城镇人口到农村从事农业生产，并从此实行了城乡户口严格分离的户籍制度。城乡分割的二元户籍管理制度是根据当时农产品供给不足做出的理性抉择，是短缺经济的产物。这种户籍制度极大地阻碍了城镇化的发展。这种逆城镇化的政策使城镇化的发展处于停滞状态。

随着1964~1965年的国民经济调整，人口管制的放松，城镇化水平有所回升。1966年开始的"文化大革命"造成国民经济濒临崩溃，在"左"的政策影响下，逆城镇化达到高潮。1969~1976年，大批的城镇职工和居民被遣返到农村，2000多万城镇青年学生"上山下乡"，大批干部被下放到农村。城镇人口增速减缓。城镇化水平徘徊在17.98%~19.32%。"文革"后，大量下乡知青回城、下放干部回城落实工作以及大学恢复招生等政策的实施，使城镇化水平有所恢复，城镇人口迅速增长。但这一时期的工业比重明显下降，二、三产业就业没有明显增长，支持城镇化增长的经济基础比较脆弱。

（三）城镇化的快速增长阶段（1980~2000年）

1978年十一届三中全会后，我国的国民经济和社会发展取得了巨大的成就。稳定的政策、良好的经济社会环境使国民经济保持了持续快速发展。80年代中期以来乡镇企业的高速发展，非农就业人口的大幅度增加，促进了城镇化的发展。从1980年到2000年城镇化率由19.39%提高到36.22%，年平均提高0.84个百分点。但由于户籍管理制度仍然限制着农村人口进入城镇，城镇化的发展速度仍严重滞后于国民经济的快速增长。随着国民经济的发展，非农就业人口的增加和乡镇企业布局的过度分散，人口转移的成本和难度系数加大了，城镇化的速度呈减缓的趋势。

80 年代以后的城镇化模式和动力出现了混合发展的特点，呈现出政府推动和市场推动复合作用的趋势。农村经济体制改革催生了自下而上的城镇化模式，使城镇化发展的动力模式表现为自上而下的政府发动型和自下而上的农村经济发展推动型并行发展。乡镇企业的发展成为城镇化发展的又一动力。

改革开放以来中国城镇化几乎与世界城镇化发展同步，进入高速发展阶段（见表3—1）。中国城镇化的加快，不仅促进了中国经济的发展，而且走出了一条具有中国特色的城镇化道路。由于中国各地经济社会发展的情况不同，各省份的城镇化水平存在着差异（见表3—2）。2004 年山东省的城镇化水平达43.5%，2005 年山东省的城镇化水平为 45.0%。于庄所属的山东省处于城镇化的中期阶段。

表3—1 我国城镇化进程表

城镇化阶段	年 份	城市数/个	城镇总人口/万人	城镇总人口占总人口比重%	年平均递增/%
城镇化起步阶段	1949	136	5765	10.64	83
	1950	150	6196	11.18	
	1955	165	8285	13.48	
	1960	199	13073	19.78	
城镇化停滞阶段	1965	169	13405	17.98	13
	1970	176	14424	17.50	
	1975	185	16030	17.34	
	1978	193	17245	19.72	
城镇化快速推进阶段	1980	223	19140	19.39	84
	1985	324	25094	23.71	
	1990	467	30191	26.41	
	1995	640	35174	29.04	
	2000	653	45844	36.22	
	2004	661	54000	41.80	

注：城镇总人口包括了市和镇的人口。

资料来源：《中国统计年鉴·1983》《中国统计年鉴·1990》《中国统计年鉴·2001》，和"2005 年城市可持续发展南宁国际会议"公布的数据。

表 3—2　2000 年我国各省城镇化水平

城镇化阶段	市镇人口比重	省、直辖市、自治区
初期	30% 以下	西藏（19.93）、河南、云南、贵州、甘肃、河北、四川、江西、安徽、广西、湖南
中期	30~36.09%	陕西（32.26）、宁夏、重庆、新疆、青海、山西（34.91）
	36.09~55%	山东（38.00）、海南、湖北、江苏、福建、内蒙古、浙江、吉林、黑龙江、辽宁、广东（55.00）
	55~70%	空缺
后期	70% 以上	天津（71.99）、北京（77.54）、上海（88.31）

注：36.09% 为当年我国城镇化水平平均数。2003 年中国城镇化水平已达到 40.5%，2004 年中国城镇化水平达 41.8%。2004 年山东省的城镇化水平为 43.5%，2005 年已达到 45.0%。

资料来源：袁利平.城镇化是一个长期过程 [EBOL]，2004—5—31.
《山东省国民经济和社会发展统计公报》（2004、2005 年）

第二节　于庄的城镇化及其进程

20 世纪 80 年代，费孝通先生通过考察具有工商传统的江浙地区的小城镇建设，提出了"小城镇大战略"的发展思路。江浙地区依托小城镇发展出相当规模的乡镇企业，乡镇企业的发展又促进了小城镇的发展。自从费孝通先生提出"小城镇大战略"以来，小城镇建设一直是学术界和政府部门关注的焦点问题。贺雪峰通过对转型期乡村社会的调查，提出了"是不是所有的地方都适合建设小城镇？是不是所有的地方都能够建设小城镇？是不是所有的地方都必须建设小城镇？"① 这样三个问题。贺雪峰的质疑说明了农村城镇化需要一定的客观经济条件，人为催生的城镇化反而会不利于农村经济社会的发展。于庄的城镇化是于庄非农经济发展的结果，政府的推动加速了于庄城镇化的进程。

一、于庄的城镇化及其动力

于庄的城镇化是典型的内生型的城镇化。改革开放前，于庄是一个典型的

---

① 贺雪峰.新乡土中国——转型期乡村社会调查笔记.南宁：广西师范大学出版社，2003，169~232.

农业村落。改革开放后，于庄人逐步发展起了乡镇企业。乡镇企业的发展增强了村集体的经济实力，也增加了村民的收入，为城镇景观的建设提供了经济条件。乡镇企业的发展集聚了越来越多的外来人口，外来人口的增加相应地促进了第三产业的发展。乡镇企业和第三产业的发展推动了于庄的城镇化。在国家实行农村工业化和城镇化以促进农村经济社会发展的政策导向下，地方政府也积极推动于庄的城镇化建设。长期以来，由于城乡二元体制的存在，过上像城里人一样的生活成为于庄村民的一种生活追求。

城镇化是我国特定历史时期社会经济发展的产物，以乡镇企业为依托的农村工业化是"城镇化"的核心动力。中国城镇化模式的形成，一方面是以乡镇企业为主体的农村工业化的强有力推动，另一方面则是城市对农村劳动力不能有效吸收的矛盾的产物。城市集聚障碍是中国城市化进程偏离经典模式，形成城镇化道路的根源。1990年以后，"城镇化"的背景和环境发生了根本变化，乡镇企业的由盛及衰，对城镇化过程的资金支持力度和劳动力吸收能力趋弱，使得城镇化战略缺少了可持续发展的核心动力。[①] 蓝万炼是从宏观的角度考察城镇化的背景的，但就于庄的情况而言，1994年于庄印染生产线的投产带动了企业新一轮的发展。于庄乡镇企业的发展促进了第三产业的发展，第三产业的发展也成为于庄城镇化的动力。

（一）乡镇企业的发展是于庄城镇化的内在动力

国际经验表明，城镇化与工业化之间很大程度上具有一致性，两者之间呈明显的正相关，这是城镇化发展的一条基本规律。工业化是城镇化发展的基本动力，城镇化是工业化的空间表现形式。农村城镇化的本质就是经济资源在农村区域集中和重新配置。于庄乡镇企业的发展促进了人口、资本、技术等经济要素向于庄的转移和集中，人口和经济要素的集中过程，同时也就是城镇化的发展过程。

1979年于庄建成第一个村办企业——电动磨房。电动磨房一共有5名工作人员，这5名工作人员来自4个生产队，具体事务由大队部中的一名干部管理。由于当时于庄还是以生产队为单位实行集体劳动制度，没有实行家庭联产承包责任制，他们不领货币工资，只记工分，所有的收入都归村里公共所有。电动磨房的线路维修请县电业局的专业电工，机器的维修请县面粉厂的技术人员。本村没有电工。在电动磨房建设的过程中，为了给建筑工人和聘请的技术

---

① 蓝万炼. 论乡村工业的未来与农村小城镇的发展阶段. 经济地理，2001，（6）：684～689.

人员做饭，村里临街建了一个食堂。电动磨房建成后，这个食堂就承包给个人经营饭店。

1984 年榨油厂建成后，在四个生产队招了 30 多名青壮年劳动力进榨油厂工作。由于已经实行了联产承包责任制，工人的报酬采取货币工资的形式。榨油厂由村委会派一名干部具体管理，村里的会计兼任榨油厂的会计。工人都是本村的人，没有外村的人在于庄的榨油厂上班。榨油厂的一名技术人员是从县油棉厂聘请的，村里给他按月开工资。

1987 年织布厂建成后，开始有外村或外地人到于庄的企业做工。在于庄人的观念中，本县内的人习惯上称为本地人，来自外县的人则称为外地人。在织布厂做工的首先是本村人，上岗前都经过简单的培训。随着织布厂规模的扩大，于庄本村的劳动力已经不能满足企业对劳动力的需求，开始从外面招工。外村或外地到于庄企业做工的大部分都是通过亲戚朋友关系介绍的。于庄有了一个织布厂，给村里人增了很大的脸面。过去不走动的亲戚，因为亲戚家里有人要到于庄的纺织厂做工，也找上门来要求帮忙。织布厂的技术人员都是从天津和德州的大国棉厂聘来的，属于兼职，带有技术援助的性质。织布厂给技术人员提供的食宿条件和工资待遇要好于一般的工作人员。他们都有条件不错的单身宿舍。

1994 年于庄又增加投资，上了印染生产线，扩建了织布厂。1999 年颜春集团成立，对劳动力的需求量越来越大，在于庄本村的劳动力不能满足企业需求的情况下，大量的外来人口不断地集中在于庄的企业。外村或外地在于庄做工的都住厂里的集体宿舍。

外来人口的增加提供了较好的商机。随着外来人口的增加，商店、饭店、理发店、服装店等的数量也在增加，原有的店铺也在拓展业务或扩大规模。于庄乡镇企业的发展带动了于庄第三产业的发展。二、三产业的发展推动了于庄城镇化的发展。

（二）政府推动是于庄城镇化的外在动力

经济增长是一种社会需要，发展经济是政府的一种偏好。在城镇化水平较低的农业大国，推进农村城镇化被认为是农村社会经济发展的重要途径。因此，推动农村城镇化成为地方政府发展农村社会经济的一种主要价值取向。

于庄的城镇化是政府推动与乡镇企业发展推动相结合的产物。除了乡镇企业的发展，于庄还具备城镇化的基础条件。于庄是乡党委和政府驻地，乡党委和政府的机关单位及乡里的企事业单位大部分集中在于庄村界内。于庄也是市集所在地，从民国二十年（1931）开始，于庄开集立市，逐渐成为辐射全乡的商业活动中心。所以，于庄是全乡政治、经济、商业活动的中心。从于庄所处的地理位置上说，于庄交通便利，连接陵县和宁津县的陵宁公路穿村而过。以于庄为中心的村际间的公路网络基本形成。在整个于集乡，于庄是最具备城镇化条件的村庄。

于庄乡镇企业和第三产业的发展对于庄的街区改造和景观建设提出了要求。从上个世纪九十年代，借助于贯穿于庄的陵宁公路的翻修和拓宽工程，地方政府对于庄的街区改造和景观的规划设计给予了支持和帮助。地方政府在资金、政策和技术等方面的支持加速了于庄城镇化的进程。

（三）城镇化是村民的向往

新中国建立以来，中国社会一直在城乡、工农二元对立中运行。农村的生活环境和农民的生活条件从总体上不如城市的生活环境和生活条件。对美好生活的追求是人的本性，农民向往着城市文明和城市生活方式。长期以来，生活在农村的农民子女跳出"农门"的途径就是升学、参军和招工。在社会资源有限的情况下，这三种途径只是解决了少数人的问题。上个世纪八十年代中期兴起的"农转非"现象，也只是有社会资源的人把农业户口的子女或亲戚转成非农业户口，解决了一个可以进厂当工人的资格问题。这种户口形式的转变根本无助于实际生活状况的改变。就是把所有中国农民的农业户口都转成非农业户口也不意味着中国农民都过上了市民的生活。在中国农村普遍存在着人多地少的矛盾的情况下，发展乡镇企业，实现农村地区的工业化和城镇化是解决"三农"问题的根本途径。

跳出"农门"是农民的一种生活期盼，这种期盼也会通过村里的风俗和传统反映出来。于庄有一种风俗，村里的孩子考上中专或大学的，亲戚或邻居都要送些钱祝贺一下。孩子的家长要摆筵席请亲戚和邻居吃饭。于庄从上个世纪八十年代村办企业有了发展开始，对考上中专或大学的学生给以物质奖励。在于庄人的观念中，孩子考上中专或大学就意味着很体面地跳出了"农门"，从此以后要过上村里人很向往的城里人的生活。乡镇企业的发展和城镇化的推进是农民实现自己梦想最现实的途径。于庄乡镇企业的发展和城镇化的推进，逐渐地改变了于庄人的生活方式和生活观念。于庄人由传统的农民向着现代的市民转化，于庄的工业化和城镇化成为实现这种转化的物质基础。

二、于庄城镇化的进程

（一）村庄的道路和街区建设

陵宁公路是建国后修建的，陵宁公路贯穿南北把于庄分为两部分。公路是土质路基和路面，下雨天的时候泥泞难行。当时在机动车辆不是很多的情况下，这条土质公路也基本能满足交通运输和经济发展的需要。1982年春天，市公路局召开全市公路建设会议，加强县际间公路的建设，由市财政和县财政共同出资修建或改建县际间的公路。贯穿于庄的公路由土质路面改建为柏油路面。柏油路面建成后，机动车辆和人流量增加。过去于庄的市集在公社供销社所在的东西大街上，柏油路面建成后，于庄的市集逐渐向贯穿南北的柏油路两边扩展。柏油路建成后，交通更方便，到于庄赶集的商贩和村民越来越多。

市集规模的逐渐扩大触发了村民的经济意识。有些临街的人家开始把自己的院墙拆除建成适于做买卖用的房子，或者自己做生意，或者出租给别人做生意。还有的在自己家的门前圈出一块地方，存放自行车、三轮车或其他车辆，收取存车费。

1993年春天，贯穿于庄的陵宁公路柏油路面翻修。于庄的村领导想借这个机会把于庄的街道整修一下。于庄的支部书记于宏奎找到县公路局的局长，要求把通过于庄的这段公路加宽，加宽工程多花的钱由村里支付。当时的县公路局局长老家是于集乡孟家庙村的，孟家庙村和于庄是邻村。于庄的支书和公路局局长彼此都很熟悉，所以，在这个问题上公路局给以很多的照顾和支持。

公路加宽涉及到沿路两旁的房屋拆除的问题。村里从街区建设的长远考虑，除了对被拆除的房屋按被拆除的平方面积给予补偿外，被拆除的房屋不准在原地重新盖平房。在沿公路两旁划出新的宅基地，待时机成熟的时候盖楼房。

企业的发展增加了村里的公共积累。自1993年后，村里集体陆续投资500多万元对村内道路进行拓宽改造，全村二纵四横六条主干道全部实现了硬化、亮化和美化。村里又投资300万元建成了商贸小区。

（二）房屋的统一规划和改造

贯穿于庄的陵宁公路的加宽和返修，给了于庄一次房屋规划和改造的机会。由于于庄乡镇企业的发展壮大，于庄市集的规模和市集的辐射范围也随着交通的便利而不断扩大。商店、饭店、美容理发店、服装店等也在不断地增加。乡镇企业的发展引起的人口聚集现象为第三产业的发展开拓了市场。为了和街区建设相配套，房屋建设和规划也势在必行。县、乡两级政府也敦促和支持于庄的城镇化景观的建设。县财政和乡财政拨出专款支持于庄的城镇景观建设，对盖楼房的村民提供专项贷款。

根据村里的财力和村民的财力，以及于庄城镇化建设的实际需要。村里决定沿街的房屋必须改建成二层的楼房。村民建楼的资金主要是自己筹措，另外村里给一部分补贴，银行提供部分贷款。村民们都能看到沿街建楼房的潜在利益，尽管手头的钱不是很宽裕，但有机会能在沿街区划分到新宅基地的人家还是尽量自己盖楼房。由于不是每家每户都有机会能得到新的宅基地，也不是划分到宅基地的人家都想盖楼房，再有一点就是村里规定，凡是在沿街划分到新宅基地的人家必须在一年内盖起楼房，否则村里对该宅基地重新安排。所以，在于庄出现了沿街宅基地的私下转让现象。转让宅基地的人家要收取一定数目的转让费，村里对这种现象也默许，但需要到村委会备案。宅基地的转让都是按照血缘关系的亲疏远近进行的，如果五服以内的本家没有人要的话，可以转让给其他人或外村的亲戚。如果在没有征得本家同意就转让给其他人或外村亲戚的话，就会引起很大的麻烦。首先会遭到本家人的激烈反对，其次会遭到村里的反对。

沿街盖起的楼房一般都是商、居两用式的。由于房屋的建设和规划是和街区的建设规划相配套的，所以向街的一面都盖成二层的商用楼。

（三）招商引资

改革开放后，招商引资成为中国各地地方政府推动当地经济发展的一项重要措施。2000 年，德州市全市广泛开展"招商引资年"活动，把招商引资作为推动新的创业进程的切入点，全市上下形成了"想招商、议开放、谋发展"的良好氛围。全年共引进内、外资项目390 个，实际到位资金47 亿元。为了推动招商引资活动，市里成功地举行了经贸洽谈会，共签订投资项目合同181项，总投资68 亿元，引进资金合同额58 亿元。

陵县政府也把招商引资作为工作重点，把招商引资的任务落实到各县直单位和各乡镇，把招商引资的实绩作为对干部政绩进行考核的重要指标。县政府在2003 年上半年全县经济发展情况的通报中指出，招商引资实现了新的突破，合同引资54.9 亿元，到位资金13.7 亿元，实际利用外资790 万美元。但仍然存在着重大招商线索偏少，部分县直单位招商引资无实绩，个别项目建设进度缓慢的问题。

于集乡政府立足招商引资和发展民营经济两大天字号工程做工作，狠抓棉纺织业，形成以棉纺织业为主体的工业群。颜春、康达、银河成为于集乡的三大龙头企业。2005 年全乡实现财政收入800 万元，其中工商税收500 万元，占全乡财政收入的70%，被市委、市政府定为经济强乡。于集乡的经济发展情况在全县居于前列。在县政府对各乡镇投资项目的考核中，于集乡居于第四位（见表3—3），民营经济的发展在全县居第二位（见表3—4），个体经济的发展在全县居第二（见表3—5），工商税收完成情况在全县居第三位（见表3—6）。因为于集乡的乡镇企业和个体、私营企业基本上都集中在于庄。因此，从于集乡的经济发展情况在全县所处的位置可以看出于庄的经济发展情况。

表3—3　乡镇两大"天字号"工程考核排序

（投资1000万元以上项目）

位　次	乡　镇	位　次	乡　镇
1	陵城镇	7	前孙镇
2	丁庄乡	8	徽王庄镇
3	滋镇	9	神头镇
4	于集乡	10	义渡口乡
5	边临镇	11	郑家寨镇
6	糜镇	12	宋家镇

表3—4　乡镇民营经济主要指标考核排序（规模以上工业企业）

位　次	乡　镇	任务（个）	新增（个）	累计（个）
1	陵城镇	7	7	28
2	于集乡	4	3	8
3	徽王庄镇	3	2	7
4	前孙镇	3	2	6
5	宋家镇	3	2	4
6	糜镇	5	2	14
7	滋镇	2	1	6
8	丁庄乡	5	0	6
9	义渡口乡	3	0	6
10	边临镇	3	0	3
11	神头镇	2	0	3
12	郑家寨镇	2	0	3
	开发区	2	3	18

表3—5　新增个体户、私营业户及注册资金

位　次	乡　镇	个体业户（户）	私营业户（户）	注册资金（万元）
1	陵城镇	91	14	3264.5
2	于集乡	40	2	1053
3	郑家寨镇	22	4	719.3
4	边临镇	9	1	80
5	糜镇	29	1	73.7
6	神头镇	38	0	67.7
7	徽王庄镇	10	1	60.4
8	宋家镇	16	0	49.5
9	滋镇	10	0	26
10	前孙镇	11	1	24.8
11	义渡口乡	4	0	9
12	丁庄乡	9	0	4.5
开发区		6	21	11141.8

表3—6　乡镇工商税收考核排序

位　次	乡　镇	完成（万元）	乡　镇	增长（＋－％）
1	陵城镇	1138	义渡口乡	150
2	糜镇	479.6	宋家镇	114.9
3	于集乡	385.7	前孙镇	113.7
4	丁庄乡	363.8	郑家寨镇	108.3
5	义渡口乡	239.5	徽王庄镇	74.4
6	宋家镇	226.9	滋镇	63.9
7	边临镇	212.6	于集乡	52.6
8	前孙镇	200.4	糜镇	42.8
9	徽王庄镇	191.6	丁庄乡	37.7
10	滋镇	184.9	陵城镇	11
11	神头镇	168.4	神头镇	-15.3
12	郑家寨镇	123.9	边临镇	-47.6
开发区		203.2	开发区	-38

资料来源于《陵县经济发展主要指标完成情况通报》2002～2006

于庄利用乡政府驻地的有利条件，在上级政府政策的支持下积极创造条件招商引资。街区的建设和房屋的改造为招商引资创造了良好的外部景观和硬件设施。于庄党支部和村委会广泛发动村民利用各种社会关系招商引资，并对能够招到商引到资的村民给予物质奖励。于庄党支部和村委会制定了招商引资的优惠政策，为外地商户在于庄安家落户创造良好的环境。于庄支部和村委会积极开展精神文明建设，塑造文明的于庄人形象，严厉打击和制止本村人对外来人员的"欺生"现象。于庄党支部和村委会领导人在处理本村人和外来人口之间发生的矛盾的时候，都是偏向外来人。这种积极的舆论导向为于庄树立了良好的形象。

颜春纺织有限公司是市 50 强民营企业，该企业基本上是于庄人自己滚动式发展起来的。银河棉纺织有限公司是通过招商引资的方式，由烟台银河纺织有限公司与汇丰油棉加工厂共同出资建立的集棉花收购、纺织于一体的大型企业。烟台银河纺织有限公司之所以到于庄投资，一方面是看好于庄的投资环境和人文环境，另一方面是于庄有一村民和烟台银河纺织的投资决策人有亲戚关系。通过亲戚的引荐，公司派人对于庄的投资环境和发展前景做了考察后，认为公司有在于庄进行投资的必要。然后双方合作，共同投资建立了陵县银河棉纺织有限公司。

于庄在龙头企业的带动下建成了高标准的商贸小区和集贸市场。企业的发展增加了于庄的社会影响力，也增加了招商引资的力度。

贺雪峰在他的《新乡土中国》中批评了招商引资所带来的负面影响。"不止一个乡镇干部认为当前自上而下将招商引资作为考核地方政府政绩的最重要指标的做法不理性"。从于庄的招商引资来看，并没有出现贺雪峰所批评的那些现象。因为贺雪峰考察的是单纯的招商引资，而且关注的是招引外资。于庄的招商引资旨在加快城镇化的速度。截至 2005 年，于庄的招商引资中还没有外资的介入。

第三节　于庄城镇化过程中的社会变迁

随着于庄乡镇企业的发展和城镇化的推进，于庄的产业结构和村民的职业结构、收入结构、生活方式等都发生了变化。传统的农业村落逐渐解体，村民的生活方式向着市民的生活方式转化。

一、农田耕作方式的变化

黄宗智认为，中国的小农经济具有极为顽强的生命力，它战胜或者阻碍了以追求利润为动力的经营式农场的发展，商品化带来了小农家庭的更加充分的完善和强化。① 他发现长江三角洲农村经济的商品化不是按照舒尔茨的"经济人"逻辑，而是按照恰亚诺夫的逻辑推动的。② 恰亚诺夫认为农民经济有自己独特的体系，遵循自身的逻辑，农民生产的产品是为了满足家庭自身的消费，而不是为了在市场上获得最大的利润，小农追求的是生存的最大安全。③

乡镇企业的发展和城镇化的推进并没有使传统农业在于庄消失，在于庄也没有出现承包地转包的现象，承包地的家庭承包经营模式反而得到强化。于庄的耕地较少，耕地又不断地被占用。村民单纯靠农田的收入不能满足生活需要，乡镇企业的发展和城镇化的推进为村民到企业做工和做生意提供了条件。于庄村民的职业历程出现了由农而工，由工而商的转变。但这种变化还没有使于庄的村民放弃承包地。因为在于庄，种地的社会成本几乎为零。从上世纪九十年代初开始，村里用村办企业的收入补贴农业。农业税由村集体代缴，农民免交集资提留款。

于庄非农经济的发展还没有达到把农民培育成市民的程度，于庄的村民没有完全摆脱对土地的依赖。在村民的心里，土地仍然是最基本的保障。企业和商业都是有风险的，唯有农业才是农民赖以生存的根本。在经商失败或找不到工作时，仍可以种地谋生。经济学家们证明，当耕作面积低于一定规模时，要想使农业经营能够盈利将非常困难。④ 对于于庄的村民来说，种地的目的不是赚钱，而是一种生活的基本保障。

城镇化的发展只是改变了于庄农田的耕作方式和作物种植结构。生产队时期，采取以生产队为单位的集体耕作制，基本上是按照性别和年龄进行简单的农业劳动分工。在人多地少的情况下，农民处于一种集体隐性失业状态。实行联产承包责任制后，家庭是基本的生产单位，平时各家各户独自作业，麦收季节或播种季节也出现小规模的劳动合作，劳动合作一般是以有着较近血缘关系

① 黄宗智. 华北的小农经济与社会变迁. 北京：中华书局，1986.
② 黄宗智. 长江三角洲小农家庭与乡村发展. 北京：中华书局，1992.
③ 恰亚诺夫. 农民经济组织. 北京：中央编译出版社，1996，29.
④ 参见（法）孟德拉斯著. 农民的终结（李培林译）. 北京：社会科学文献出版社，2005，153.

的家族为基础。随着于庄村办企业的发展和城镇化的推进，专门从事农业劳动的人数和时间越来越少，农田耕作成了一种业余的工作。从上个世纪九十年代中期开始，于庄出现了较大规模的农业劳动合作，农业机械化程度提高。过去以家族为基础的劳动合作逐渐被以地缘为基础的劳动合作所代替。这样的合作方式便于大型机械的操作。

在于庄农忙季节请亲戚帮工的多了，有的还请雇工，县城下岗的工人也有来做帮工的，按天数结算工钱。

在作物种植结构方面，过去多元化的种植模式逐渐变得单一化，费时多的作物逐渐被淘汰。粮食作物占的比重很大，经济作物的比重较小。在于庄，种地就是为了收获点粮食，解决一家人的吃饭问题，没有人靠种地来挣钱，单纯靠种地也挣不着钱。尽管于庄的龙头企业以棉花为主要原料，但是在于庄，棉花的种植面积越来越小，原因在于种棉花太花费时间，从投入与产出的比较来看，种棉花不合算。于庄人的时间观念和经济效益的观念不断增强。

美国人类学家格尔兹（Geertz）在印度尼西亚从事田野研究时所发展出来的"农业内卷"的概念，被黄宗智用来分析华北的小农经济。后来黄宗智在研究长江三角洲的农业经济时指出，人口的压力和耕田的减少，使小农采取了趋于"过密化"的生存策略，即在单位劳动日边际报酬递减的情况下，小农为了生存仍不断增加单位耕田面积劳动力的投入，以换取单位面积产出的增加。随着乡镇企业的发展和城镇化的推进，其他替代的就业选择使小农耕作劳动投入的"机会成本"增加，小农就能走出支配他们的"过密化"生存逻辑。他把"内卷"翻译成"过密化"。黄宗智所说的华北小农经济的"过密化"是一种"没有发展的增长"。马若孟利用"满铁"资料对中国小农经济不利于实现大规模农业技术革命的见解，也指出了生产过密化所可能隐含的恶性循环。[①] 在于庄，乡镇企业的发展和城镇化的推进，使村民走出了黄宗智所说的"过密化"的生存逻辑。村集体经济对农业的反哺使得耕地成为农民的一种福利，但土地本身的福利功能可能牺牲了农业劳动生产率。[②]

---

①　马若孟. 中国农民经济. 南京：江苏人民出版社，1999，330.

②　贺雪峰. 新乡土中国——转型期乡村社会调查笔记. 南宁：广西师范大学出版社，2003，169.

二、生活方式的变化

城镇化的发展过程就是由农民的生活方式逐渐向市民的生活方式转变的过程。这种转变的根本在于村民做工方式的变化和收入结构的变化。收入水平决定生活方式。

（一）于庄村民的收入结构

于庄在联产承包责任制前，实行以生产队为单位的集体劳动，按劳动工分分配粮食、蔬菜等生活资料，村民在生产队几乎得不到货币收入。村民在庭院里饲养的家禽或家畜是村民货币收入的主要来源，村民们把鸡、鸭、鹅下的蛋卖掉，换取油、盐、酱、醋等生活必需品。

联产承包责任制后，由于可以把完成承包任务后的粮食和棉花等农产品拿到市场上去卖，村民的收入结构中，货币收入的比重增加。于庄企业的发展，增加了村民非农就业的机会，村民由农而工，工农兼做，增加了村民的货币收入量。城镇化的发展，村民由工而商的增多，收入结构进一步多元化。承包地里的收入、在企业做工的收入、经营生意的收入、出租房屋的收入等成为村民收入的基本形式。由于于庄的人均耕地较少，有限的粮食主要用来生活消费和饲养少量牲畜，所以，于庄人的收入结构中粮食收入基本上不能转化为货币收入。所生产的棉花除了留下一些加工成皮棉自己用外，其余都卖掉，转化成货币收入。由于棉花种植面积的减少，卖棉花的收入已经不是主要的货币收入。村民在田间地头穿种的小杂粮和少量的经济作物主要用来自己消费，不能转化为货币收入。

在于庄，随着城镇化进程的加快，村民的收入结构由农业收入为主转变为非农收入为主，并且收入增长较快。根据于庄村委会自己的统计，1998年，于庄人均收入3421元，非农收入1206元；2001年人均收入4826元，非农收入2628元；2003年人均收入4405元，非农收入3205元；2005年人均收入5000元，非农收入3907元。

（二）于庄村民的收入支出

以德州市的城镇居民和农村居民的平均收入和支出作参照标准，城镇化进程中的于庄村民的收入和支出介于城镇居民和农村居民二者之间（见表3—7）。于庄村民逐渐脱离纯粹农民的生活方式，向城镇市民的生活方式逼近。

1998年，全市农民人均纯收入2252元。城镇居民人均可支配收入

4281.74 元，人均消费性支出 3520.34 元。城市居民人均住房面积 10.17 平方米，农村居民人均住房面积 22.76 平方米。

2001 年，全市城镇居民人均可支配收入为 5757 元。人均消费性支出 4437 元，其中食品、衣着、居住、交通及通讯支出分别为 1454 元、552 元、358 元和 362 元；家庭设备用品及服务 533 元，医疗保健 265 元，娱乐教育文化服务支出 685 元。人均非消费性支出 1066 元。全市农村居民人均总收入 3739 元，其中家庭经营收入 3057 元。人均总支出 2358 元，其中家庭经营费用支出 782 元，生活消费支出 1256 元。城市居民人均居住面积 11.75 平方米，农村居民人均居住面积 27.17 平方米。

2005 年，全市城镇居民人均可支配收入 7019.3 元，城镇居民人均消费性支出 5172.8 元，其中食品支出 1738.04 元，衣着支出 734.24 元，交通和通讯支出 575.2 元，教育文化娱乐服务支出 843.54 元，医疗保健支出 258.98 元。全市农民人均收入 3005 元，农民生活消费支出 1343 元，其中食品支出 647 元，衣着支出 84 元，文教娱乐用品及服务支出 157 元。城市居民人均居住面积 12.4 平方米，农村居民人均居住面积 28.15 平方米。

表 3—7　　1998~2005 年于庄村民人均收支明细表

年份	收入		支出							人均住房面积
	农业	非农	食品	衣着	交通和通讯	教育文化娱乐	医疗保健	家庭设备用品	非消费性	
1998	2215	1206	908	487	102	485	106	416	732	24.15
2001	3726	1100	1120	531	202	524	198	497	872	30.15
2005	3000	2621	1421	573	322	634	218	524	993	32.20

资料来源：根据于庄村委会的统计资料整理。

从以上的比较可以看出，随着于庄城镇化进程的发展，于庄人均收支状况逐渐接近全市城镇的水平，于庄的村民消费水平已经逐渐城镇化。

（三）耐用消费品

家庭耐用消费品的拥有量是衡量居民消费水平的重要指标。家庭耐用消费品的拥有量取决于居民的收入水平和消费趋向以及对收入的预期。随着于庄城镇化的发展，于庄村民所拥有的耐用消费品的量渐渐接近于城市的水平，明显高于农村的平均水平。手机和空调这些耐用消费品也渐渐走进于庄村民的日常生活中，越来越普及（见表 3—8）。

表3—8　每百户城乡居民耐用消费品拥有量之比较

名称＼年份	1998 年			2001 年			2005 年		
	城市	农村	于庄	城市	农村	于庄	城市	农村	于庄
彩电	104	24	53	122	57	91	121	69	95
收录机	73	22	46	54	14	39	70	16	49
电冰箱	77	7	24	79	11	29	96	11	46
洗衣机	93	14	36	97	20	48	96	23	76
电风扇	259	142	218	232	176	221	209	164	187
缝纫机	65	88	91	71	91	92	68	87	89
照相机	34	2	17	41	2	23	42	2	38
自行车	297	203	241	293	196	252	248	180	223
摩托车	19	19	21	39	43	53	41	52	58
影碟机	13	3	7	40	12	25	59	24	37
录放像机	19	3	8	25	2	13	22	1	14
手机	24	2	4	81	32	54	105	58	97
空调	6	0	0	31	3	15	63	6	39

资料来源：根据德州市统计局 1998 年～2005 年统计公报的资料和于庄村委会的统计材料整理而成。（单位：自行车、摩托车单位为辆，手机单位为个，其余单位均为台）

（四）日常生活的变化

随着于庄的城镇化的发展，于庄人日常生活中的饮食结构也发生了变化。在饮食方面，肉、蛋、禽的消费量增加，面食的消费量减少，花样副食的消费量增加，牛奶的消费量增加，蔬菜、水果的消费量增加。村民们对饮食的选择讲究营养、卫生和保健。尽管绿色食品的价位较高，但仍很受欢迎。

在企业上早班的村民很少有人在家吃早点，一般都在街上的饭店里吃早点，上学的学生也经常在饭店吃早点，还有做生意的也大都在饭店里吃早点。村民们自己做馒头的少了，街上开的几个馒头坊做的馒头比自己家做的味道好，再者，自己做馒头也太浪费时间。有好多村民用面粉或小麦换馒头，更多的村民是用现金买。几个馒头坊的生意也满红火的，企业和机关单位是常客，越来越多的村民也成了常客。附近村庄也经常到于庄来卖馒头，尤其是麦收和秋收季节，馒头坊的生意更是红火。街上开的几家蔬菜店也满足了于庄村民对蔬菜的消费需求，家家户户一年四季都能吃上新鲜的蔬菜。

　　过去家里来了客人都是在自己家做饭招待客人，现在越来越多的人家都习惯到饭店订饭菜，然后在家里招待客人。结婚或孩子过十二、生日到饭店里办宴席的多了。过去孩子过十二、生日随礼都是送鸡蛋，或给孩子送布料、衣服、玩具之类的东西。现在因为办十二、生日宴席都在饭店，所以，孩子十二、生日随礼都是给钱。

　　于庄有几部出租车，和城市里的出租车不一样，于庄的出租车不是按里程计价收费，而是根据要去的地方习惯性地收费。出租车的车主有本村人，也有外村人。外村在于庄开出租车的也都有亲戚在于庄，或是于庄的女婿。于庄的村民走亲戚坐出租车的多了，也有几家合伙租个出租车送孩子到县城上学去的。

　　于庄的居住条件在街区规划和房屋改造后得到了极大的改善。沿街区盖了楼房的都搬进了楼房，一般都住在二楼，一楼都租出去或自己做生意。

　　80年代之前，村里有一口露天的井，全村人和牲畜的饮水都靠人工从井里提水，然后担回家。80年代后，家家户户开始在自家院子里打手压井，水质一般都比较混浊，需经沉淀后才能饮用。但相对露天井而言，手压井比较卫生，也比较方便。于庄企业发展之后，村里打了一眼深水井，水经过消毒和净化，村里给家家户户免费安装了自来水，用水也是免费的。

三、于庄农村产业结构的变化

　　乡镇企业的发展和城镇化的推进，使于庄的农村产业结构发生了变化。三次产业的比例结构反映出各产业的发展状况。随着乡镇企业的发展和城镇化的推进，第一产业的比重越来越小，二、三产业的比重越来越大。产业结构更趋合理（见表3—9）。于庄的二、三产业的比重在2003年首次突破80%。

表3—9　于庄的产业结构变化

年份	第一产业	第二产业	第三产业
1997	34.7	8.6	26.7
1998	32.1	37.8	30.1
2001	22.2	46.1	31.7
2003	18.4	50.3	31.3

　　资料来源：根据陵县统计局的统计资料和于庄村委会的资料整理而成。

四、于庄人口的变化

（一）于庄的外来人口

于庄作为一个走向城镇化的村落社会，人口结构由同质逐渐异质化。在1965年县委、县政府决定成立于集人民公社之前，于庄是个单一姓氏的以农业为主的村庄，基本上没有外来人口，也没有外姓人口。村民们日出而作，日落而息。1965年人民公社成立后，于庄是公社机关驻地，开始有外来人口，当时外来人口是以国家工作人员的身份进入村庄的，他们和于庄村民的交往不多，由于工作上的原因和于庄的村干部交往的较多。

于集公社社办企业的发展，外来人口开始增多。1966年3月筹建农机厂，农机厂设在于庄。农机厂的工作人员以临时招募的临时工和短期合同工为主，大部分都是本公社的有一定技术的农民。1975年筹建砖瓦厂，由于砖瓦厂的特殊性质，砖瓦厂建在距离于庄大约3公里的一个盐碱地里。砖瓦厂的工人有本公社的农民，也有外地来的农民，主要是从事运土、扣坯等高强度的体力劳动。1978年筹建的被服厂设在于庄，招募本公社的有一定缝纫技术的女工，于庄也有在被服厂上班的女工。社办企业的发展增加了外来人口，但外来人口除了和村里人家有亲戚关系的外，和于庄村民的交往很少。

于庄外来人口的大规模增加是在1987年于庄建立织布厂以后。1987年于庄织布厂建立后，对女工的需求量较大，本村的劳动力，尤其是女工不能满足需求。于是开始招募外来女工，一般都是通过亲戚关系介绍来的。1994年开始上了一条印染生产线，1999年成立颜春纺织有限公司。随着企业规模的扩大，在于庄企业做工的外来人口越来越多。于庄人也有在乡里的企业和其他私营企业做工的，但数量很少。与在乡办企业做工的外来人口相比，在于庄的企业做工的外来人口与于庄人的关系较为密切，来往较多。

90年代初期，于庄的街区建设、房屋改造和商贸小区的建设以及招商引资政策的实施，一些外来的商家开始在于庄落户。对企业的发展和城镇化的推进提供了巨大的商机。

（二）于庄的人口流动

乡镇企业的发展和城镇化的推进使于庄吸收了大批的外来人口。一般情况下，于庄本村的村民及其子女通过升学、参军、到国家机关或国有企业工作和外出打工等渠道向外流动。于庄企业的发展为本村劳动力提供了充分的就业机会，城镇化的发展也为本村村民从事第三产业提供了良好的条件。所以，于庄人到外地打工的人较少。有些到外地打工的都是奔着自己的至亲去的，他们一般都从事较为体面和收入较高的工作。于庄也有少数到大城市经商的村民。

通过参军这种途径留在部队或转业到国家机关或国有企业工作的也有。大多数参军的青年都是参军后又回到村里的企业做工。

升学是于庄人较为体面的流动方式。通过考上中专或大学，把户口迁出于庄，毕业后在机关或企、事业单位找到一份稳定的工作。在自费上大学之前的时代，于庄人对这种流动方式非常认可，认为是光宗耀祖的事情。后来国家进行体制改革，上大学要自费，毕业后要双向选择工作。于庄人的观念发生了一些微妙的变化，他们既希望自家的孩子能考上一所好的大学，但又不把所有的希望都放在考学上。孩子考不上学可以到村里的企业做工，或在自己的村里经商。就是考上个一般的大学，几年的学费和生活费要花上几万元，毕业后还未必能找到工作。这样算来，上大学未必是一件好事情。于庄经济的发展程度并没有使村民把通过接受高等教育提高人的本身素质视为必需，他们的收入状况还没有达到不在乎几万元的学费的程度。所以，90年代国家学费制度改革之后，于庄通过升学这种渠道流出的人口较少。

婚姻也是人口流动的主要形式。于庄乡镇企业的发展和城镇化的推进，改变了通过婚姻这种方式进行的人口流动。外村或外地在于庄做工或经商的姑娘都想在于庄找个婆家，于庄的姑娘结婚后都不想离开于庄。所以，婚姻只是在不断增加于庄的外来人口数量。嫁出去的姑娘又带着全家回到于庄安家落户的人越来越多。这种状况的人村里可以给宅基地盖房子，但不给承包地。所以，他们都从事工商业活动。

李银河在浙江余姚南阳村的研究认为，人们通婚的意愿并不首选本村，而是不出本乡或本县。[1] 赵旭东对河北省李村的研究认为，李村的婚姻圈有逐步向村子范围内"压缩"的倾向，赵旭东称这种现象为"婚姻圈内缩"。[2] 尚会鹏对河南溪村的"干亲关系"的研究表明，溪村人的通婚圈的半径有向同一个村子缩小的倾向，他把这种现象称之为"结婚的本村化"。[3]

---

① 李银河. 生育与村落文化. 北京: 中国社会科学出版社, 1994, 59～60.

② 赵旭东. 权力与公正—乡土社会的纠纷解决与权威多元. 天津: 天津古籍出版社, 2003, 50.

③ 尚会鹏. 中原地区的干亲关系研究—以西村为例. 社会学研究, 1997, (6): 90～96.

"婚姻圈内缩"和"结婚的本村化"所带来的实际问题是乡土社区的人口急剧膨胀。

于庄并没有出现"婚姻圈内缩"的现象，于庄乡镇企业的发展和城镇化的推进，于庄作为经济中心向外辐射的范围越来越大，拓展了传统婚姻圈的范围。于庄也没有出现"结婚的本村化现象"，因为于庄是单一姓氏的村庄，600多年前是同一个祖先，村民之间有着或近或远的血缘关系，没有同村结婚的传统。但是于庄出现了嫁出去的女儿回村居住的现象。

（三）于庄人口的文化结构

通过对于庄村委会保存的资料进行整理，将于庄村民的文化结构的变化列成下表。

表3—10 于庄学龄以上村民文化结构统计表

年份	总人口（人）	大专文化（人）	高中文化（人）	初中文化（人）	小学文化（人）	文盲（人）
1945	316	0	1	4	28	236
1980	589	0	9	27	119	142
1995	923	5	23	56	342	112
2005	1120	11	63	534	365	84

从表3—10可以看出，于庄人口的文化水准呈上升趋势，但村民的总体文化水平仍然偏低。随着于庄城镇化的推进，于庄村民的收入有较大幅度的增加，没有出现儿童因贫辍学的现象。但动态地考察于庄人口的文化结构，发现高文化人口流出，低文化人口流进。大专以上学历的人口基本上都在外地工作，于庄企业中以初中学历的村民居多。

第四节 于庄的"能人"

于庄村办企业的发展和城镇化的推进与于庄的"能人"们有关系。有学者研究了村庄"能人"的诸多特征，郑杭生的研究认为，家境的富裕程度以及在国家政权中的地位，并不是充当"能人"的先决条件，有的甚至连必要条件都不是，关键在于个人的德行，他们必须具有精明能干、熟悉传统、办事公正、深孚众望等品质特征。① 于庄的"能人"们除了具备郑杭生所说的"精明能干、熟悉传统、办事公正、深孚众望"等品质特征外，他们都在村里或国家的企事业单位担任一定的职务。他们发挥自己的职务优势为于庄的经济社会发展做出了贡献，他们的优良品质特征使他们在村民中赢得了威信。

一、村支书——于宏奎

（一）于宏奎的成长经历

于宏奎是于庄的"能人"，身兼很多职务和头衔，在十里八乡的名气很大。于宏奎是于庄的村党支部书记兼颜春纺织有限公司董事长、总经理。县人大常委、乡党委副书记。省第七、八、九届人大代表，2002 年又当选为市人大代表。山东省优秀农民企业家。

于集公社成立后，于庄的第一任支部书记于镇，是个参加过抗美援朝的残疾军人。老支书于镇退休后，由于宏奎接任于庄的支部书记。于宏奎 1944 年6 月出生，家庭条件较差，高中后在家务农，农闲时节放羊。1974 年，于宏奎正式走上于庄村支部书记的岗位，上任后，针对于庄盐碱地多，水浇条件差的情况，带领群众兴修水利，打井挖渠，改造盐碱地。在于宏奎的带领下，经过全村人的努力，于庄的生产条件得到了改善，粮食产量提高，全村基本上解决了温饱问题。令于庄人和于宏奎感到欣慰的是，在艰难困苦的岁月里，于庄人没有出去逃荒要饭的。

经济发展的实践使于宏奎认识到，没有强大的集体经济为群众办不了大事，单靠人均一亩多点的耕地群众富裕不了。要想富裕起来不能只靠种地，必须发展工商业。于宏奎带领于庄人淘得的第一桶金，是在 1979 年建立了一个电动磨房，经营一年赚了 2 万多元。在上个世纪七十年代末，2 万元对于一个村子来说是个不小的数字。1984 年全县棉花大丰收，面对堆积如山的棉花，于宏奎看到了一个巨大的发展机会。他跑关系，跑贷款，请技术人员，利用三个月的时间就建起了一个榨油厂。1986 年底全村公共积累资金已达 200 多万元。随着商品经济的发展，面对波澜壮阔的商海，于宏奎又开始了新的发展计划。1987 年春节刚过，他就到江浙一带经济发达地区参观学习。通过考察和

---

① 郑杭生.当代中国农村社会转型的实证研究.北京：中国人民大学出版社，1996，168.

学习，他看到了于庄的不足，看到了于庄与发达地区之间的差距。回村的当天晚上，就主持召开了村党支部扩大会议，决定上一个织布厂。经过半年的努力，一个16台织机的织布厂于当年的7月份建成投产，当年盈利10多万元。织布厂的规模在不断地扩大，1988年又增添了42台织布机，1989年又增添了34台。到1993年村里公共积累已达800万元。

经营织布厂与经营电动磨房、榨油厂不同，织布厂对技术要求较高，对织布工人的技术和素质也有一定要求。于庄在这方面非常欠缺。于宏奎通过找关系，和技术力量雄厚的市国棉厂接上了关系。市国棉厂派技术人员给于庄的织布厂进行技术指导，培训工人，帮助于庄织布厂拓展市场，打开产品的销路。

市国棉厂之所以给于庄的织布厂这么多的帮助和支持，因为国棉厂的书记兼厂长是于庄人。他的父母和兄弟仍然在于庄居住。通过这种关系，于庄的织布厂得到了巨大而无私的支持和帮助。

从1989年到1993年，整个市场一直疲软，几乎所有的乡镇企业都在低谷徘徊。在这种情况下，于宏奎领导于庄的企业在低谷运作中走南闯北，见了世面，开了眼界，结识了能人，积累了无形的社会资本。

1994年，他又抓住机遇投资上了一条印染生产线，成立了德州明星纺织印染厂。产品的深加工给企业带来了更丰厚的效益。1999年，他多方筹资1500万元，新上了15000纱锭的纺纱厂，成立了颜春纺织有限集团公司。2002年集团实现产值6500万元，利税500万元，全村平均人均收入4000元，80%的农户盖起了二层楼房。

（二）于宏奎的权威

根据现代管理科学的理论，领导者的权威可以区分为权力性权威和非权力性权威。权力性权威是由于权力的获取而随之伴生的领导权威。在我国，由于"官本位"思想的影响，当一个人被授予了某种权力的同时，即被赋予了领导权威。关于领导权威的形成，罗伯特K·格林里夫提出了仆从领导理论，该理论认为领导首先是一位仆从，因为每一个人都需要服务。非权力性权威是正确行使权力和职权的基础。我国古代的思想家把良好的个人修养作为非权力性权威的必要条件，提出"修身、齐家、治国、平天下"的思想。

德国社会学家韦伯曾区分出三种类型的权威，一种是神圣意味的"卡理斯玛"的权威，另一种是"传统"的权威，再有一种是"科层式"的权威。王铭铭认为韦伯的不足之处，是韦伯忽略了现实生活中三种权威的不可分割性，以及民间权威的存在。① 沃尔夫亦曾对乡村权力的支配关系进行了分类。在沃尔夫看来影响乡村支配关系的权力有四种："世袭的支配""俸禄式的支配""商业性的支配"以及"行政性的支配"。"行政性的支配"关系出现在前苏联和中国这样的社会主义国家中。② 沃尔夫的划分体系与韦伯的划分实际上并无太大的差异。赵旭东依照制度化与非制度化两个向度，将村落社会的权威归结为制度化的权威和非制度化的权威两种。

以上观点从理论上探讨了权威的分类及形成条件。其实，在村落社区中，一个人的权威地位，常常是通过解决实际问题而逐渐树立起来的。于宏奎带领于庄村民发展企业，推进于庄的城镇化进程，使于庄成为远近闻名的富裕村。在全乡甚至全县的村支部书记中，于宏奎是在支部书记的位子上做得最长的人。作为"能人"，他是于庄最有权威的人。

于集中学教师王金香是外地人，1976 年去世后，他的老伴无儿无女就在村里住下了。1985 年老人患脑血管病，于宏奎在医院里守了几天几夜。后来，老人瘫痪在床，生活不能自理，他便把老人接到企业的宿舍里，安排一名女党员伺候，老人的吃穿住和医药费全部由村集体负担。每年大年三十，他都带领村党支部成员给老人包饺子，初一清晨再为老人煮饺子，并祭拜王老师。84 岁的老人哭了，"他不是村支书，他是俺儿"。老人去世后，于宏奎为她料理后事。这是他悉心照顾孤寡老人中的一位。

村民于少来 1999 年患脑血栓住进了医院，他带上两名村干部去看望，并安排于少来住院治疗的 1.4 万元费用全部由村里承担。村民于光举患脑囊虫病住院、做手术都是他亲自安排的，集体支付医疗费 1.1 万元。

在于宏奎看来，支部书记在某种意义上就是家长，村民的事就是自己的事。一对兄弟失去父母，是他供他们上学，抚养成人，娶妻生子。他用自己的钱帮助因家庭出现意外变故而计划辍学的青年于少双圆了大学梦。他在致富路上舍不得丢下一个村民，一个家庭。几年来，他共帮扶贫困户 20 多万元，帮助上项目 13 个。他常说，发展经济的目的就是实现共同富裕。

萧凤霞的研究认为，在国家的权力和村民的个人利益之间，村干部扮演了

---

① 王铭铭. 民间权威、生活史与群体动力——台湾省石碇村的信仰与人生. 见：王铭铭，王斯福，主编. 乡土社会的秩序、公正与权威. 北京：中国政法大学出版社，1997，258～315.

② Wolf, 1996, "*The New Feudalism: A Problome for Sinnologists*", in P. M. Douvv & P. Post, eds, *South China: State, Culture and Social Change During the 20th Century*. Proceedings of the Colloquium, Amsterdam, 22～24, may, Pp77～84.

中间代理人的角色。其实，村干部也扮演着两面人的角色。一方面村干部是国家权力最基层的代理人，代理人的合法性需要得到村民的认同，村干部通过为村民带来实际的利益而获得村民对其合法性的认同。另一方面，村干部也是土生土长的村里人，他也要通过与村民保持互惠的回馈式关系而获得在村民中的权威地位。①

于庄富了，村民的日子好了，空调、彩电、摩托车、汽车、楼房已不是稀罕物。可他家仍住在过去的平房里。他说等全村人都住上新房，他再盖房。1996年他去青岛出差时，一根檩条掉了下来，砸伤了女儿，他这才翻盖了住房。不少记者和客人到他家，看到他家简陋的摆设，怎么也不相信这就是一个省农民企业家的家。

1998年，因工作需要，企业买了部车子。开始不少人说，老板有专车了。可事实上，汽车都用在了公司的业务和为村民办事上。开这部车的司机说："这部车，业务员比老板坐得多，村民比支书坐得多。村民结婚用这部车，送病人去医院用这部车，业务员联系业务用这部车。"这部车成了名副其实的"便民车"。

在报酬上，他和其他行管人员一样每月工资400多元，这与他为企业殚精竭虑做出的贡献形成了极大的反差。在对待金钱上，他有自己的金钱观，他常对人说："钱是好东西，能给人带来富足的生活，但如果一个人一心钻在钱眼里，那他一定是可悲的。这几年，如果我想发财，现在别说几十万，就是几百万也有了。可干部不能打个兔子围在自己腰里。"一次，他以每吨16300元的价格买进了50吨涤棉纱，接着又买进了150吨棉花换回70吨棉纱，不到一个月棉纱价格暴涨到每吨27000元。这样加工出去获利200万元。合作伙伴认为，他自己拿个十万八万的谁也说不出什么，可他一分也没有拿。一客商在谈一笔生意时，提出32支棉纱每吨2.42万元，多出的钱和他平分，发票由他处理，他拒绝了。客商感慨地说："企业有你这样的当家人，何愁企业办不好。"

在艰苦创业上，于宏奎的行为更是让人感动。开始创业时，他出差总是从家带上大饼和鸡蛋，决不多花一分钱。生活水平提高了，不用带鸡蛋和大饼了，出差时，他仍是一天三顿吃地摊。

于庄企业的发展所积累的资金有相当一部分用于集体福利和村庄建设上。

① Siu, Helen. *Agents and Victims in South China*. New Haven: Yale University Press, 1989, Pp121 ~ 137.

集体投资 100 多万元挖沟打井、修桥。投资 300 万元拓宽全村街道，投资 100 万元建成了商贸小区，投资 50 万元为群众安装了自来水、有线电视，投资 200 万元修建了高标准的六配套学校。早在中央减免农民农业税之前，于庄的农业税由村集体统一缴，于庄的农民免交集资和提留款等各种杂费。

"能人"重建和维持社区共同体的基本策略，是不断在村民中创造出促进合作的预期。其中，他们"吃苦在先"的行为，最有助于把村民对干群关系恶化、干部以权谋私的预期转变到促进合作的预期上面来。[1]"能人"的这些个人品质在这里显然具有很强的示范作用和号召力，使村民对"能人"倡导下的合作抱有较高的预期，而且"能人"还须保持这些品质，不断做出"好榜样"，才有可能在村民中维持和提高合作的预期。[2]

(三) 于宏奎的社会资本

"关系"仍是当今中国人维系经济活动和社会生活的基本纽带。中国社会将私人关系视为经济、社会组织的基础给予重视。虽然存在于个人之间，但"关系"的本质是以"圈内"成员之间的互惠交换为前提的。[3] 在"你认识谁"比"你知道什么"更重要的社会现实中，这是一种特殊的社会关系构成方式。改革开放政策出台后，中国社会中"关系"的重要性更加强化。在资源匮乏的情况下，中国人为了获得稀缺资源，自发地构筑起关系网。而且为了克服原始的沟通体系及官僚主义所导致的不确定性，人们将"关系"视为仅次于知识和技术的一种社会资本。中国的法律体系尚不健全，开展经济活动时必须积累"关系"这一象征资本。因此，虽然"关系"具有非正式性、私人性的本质，但仍能与国家的市场化体制并存。

中国人确信，在日常生活及商业往来中，"关系"能够提高竞争力，在必要时可以比较容易地获取稀缺资源，并使得长期的存在与发展成为可能。"关系"在动员一切手段获取成功方面高效且实用。中国的市场机制及分配体系尚未健全，关系网则作为一种非正式规则的代用品存在。因为正式合同不能通过正常的交易得到履行，必须依赖这种复杂的人际关系。通过关系得到的好处，可以说是一种太平时期的资源储备。"关系"的最根本的基础就是血缘及

---

① 崔之元. 南街村的思考. 见：第二次思想解放与制度创新. 牛津大学出版社，1997，158.

② 折晓叶，陈婴婴. 社区的实践—"超级村庄"的发展历程. 杭州：浙江人民出版社，2000，373.

③ Hwang, Kwang-Kuo, 1987, *Face and Favor: The Chinese Power Game* American Journal of Sociology Vol92, No4, Pp944~974.

地缘，这是加强人与人之间关系的重要纽带。比起法律和制度，中国社会更重视人际关系，是一个人际关系支配下的人治社会。社会发展就是个人与集团依存的传统私人关系支配下的私人领域向着公共利益得以实现的公共领域转移的过程。

中国村办企业在很大程度上是借助于乡村社会的社会资本发展起来的。有这样一个经验性结论，在中国，凡是村办企业发展较好的地方都是社会资本较为丰富的地方。能够整合这些社会资源为发展乡镇企业服务的人，在当地人的眼里是"能人"了。中国的村办企业经济也是"能人经济"。村办企业的发展是靠一个或几个"能人"支撑的。他们在本乡本土有极高的群众威信。他们靠自己的人格和威信支撑着一方天地，形成丰厚的本土资源，国家的法律和政策通过他们的过滤作用于村落社会。他们与乡村经济和社会的发展有着极为密切的关系，乡村经济和社会靠一个人的威信和社会关系而得到发展。他们的缺陷是没有建立起超越个人之上的制度。当"能人"年老或去世之后，经济发展所赖以支撑的社会资本就可能无法运作。

于庄织布厂的建立就是一个典型的例子。于庄有一个在市国棉厂当厂长的人，于庄织布厂利用这层关系得到了市国棉厂在技术、人才、原材料和产品销路等方面的支持。也正是利用这层关系，通过市国棉厂的介绍，于庄织布厂与天津、青岛、烟台等一些大型纺织企业建立了友好合作关系，得到了一些无私的帮助。于宏奎利用这些社会关系资本把于庄的纺织企业一步一步做大。于宏奎和这些企业的领导人、技术人员、业务人员的私人关系很好，他们对他的评价是，这个人很实在，很讲义气。

在市国棉厂当厂长的于宏阳为于庄企业的发展出了很大的力，作为对他的奖赏和回报，村里给他的父母重新翻盖了住房。上个世纪八十年代末，在彩电比较紧俏的情况下，于宏奎托关系买了两台彩电，一台送给于向阳的父母，另一台放在村委会的办公室里。

于庄的榨油厂不但为村里赚了钱，增加了集体的公共积累。而且为于庄拓展社会关系、积累社会资本做出了贡献。于宏奎每到逢年过节的时候，就组织村里的主要领导人带着礼品——棉籽油到关系户和各有关的职能部门拜访。他很注重社会关系的建立和巩固，这种社会关系对于庄的企业发展是一笔丰厚的社会资源。

于宏奎具有广泛的社会关系和雄厚的社会资本。他儿子结婚的时候，乡里的所有领导和工作人员，以及县里的领导，市里、省里有关职能部门的领导都参加了他儿子的婚宴。在于庄的村民眼里，这是极有面子的事情。

有一次，和一个外地客户谈生意，本来计划是于宏奎自己去。结果于宏奎生病了，就派了一个村干部代表他去谈，结果那位客户说他只和于宏奎谈生意，他不和于庄的任何其他人谈。那位村干部只得回来，然后于宏奎带着医生在车上挂着吊瓶去谈生意。

于庄发展初期与其他村庄面对的是同样严峻的外部环境，但是，于庄后来生存和发展所利用的"大社会"环境，却逐渐与其他村庄有所不同，那是由"能人"主动"建构"出来的。"能人"在外部建立有多种重要的、有用的"关系"，可以经过内外运筹而办成别人办不成的事情。

二、市国棉厂厂长——于宏阳

市国棉厂厂长于宏阳是于庄人。于庄人觉得他为于庄企业的发展出了力。在纺织行业疲软的时候，于庄的纺织生产没有受到太大的影响和冲击，与市国棉厂对于庄织布厂的支持和帮助分不开的。于庄的老百姓都说没有于宏阳的帮助和支持，于庄的企业也不会发展到今天。

于宏阳被于庄的老百姓认为是"能人"的原因有三个：一个原因是他自小读书用功，是建国后于庄考出去的第一个大学生。恢复高考后，他以优异的成绩考上了哈尔滨工业大学。第二个原因是他是于庄在外面做官最大的人，市国棉厂厂长的行政级别是处级。在于庄人看来，他是和县长一样大的官。第三个原因是于宏阳有能力，而且他也确实帮助父老乡亲踏上了致富路。他于哈尔滨工业大学毕业后分配到市国棉厂当技术员，后提升为车间主任，技术副厂长，厂长。在于庄建织布厂的时候，由于缺少技术人员和设计安装人员，支部书记于宏奎找到时任市国棉厂厂长的于宏阳，于宏阳利用国棉厂的技术优势为于庄的织布厂培训技术人员，安排于庄织布厂的技术人员和工人到国棉厂见习，介绍于庄技术人员到技术设备更先进的天津、青岛、烟台等纺织厂学习。帮助于庄织布厂开拓市场，建立稳定的客户群。于庄派到市国棉厂学习的人都说在国棉厂受到了很好的关照，由于有自己村里的人在国棉厂当厂长，于庄人在国棉厂学习和接受培训都有一种亲切感。

于宏阳退休后仍然关注和支持于庄纺织企业的发展。于庄织布厂扩建为印染厂，而后又组建颜春纺织有限公司，这期间都倾注了于宏阳的心血。这位在纺织界颇有威望的棉纺厂厂长利用自己所掌握的资源和社会影响，为家乡企业的发展做出了贡献。

第四章

于庄城镇化中的环境问题

第一节　人口集聚产生的环境问题

研究表明，生活污水排放量和城镇垃圾堆体渗出液的数量是表征人口对城镇水污染贡献的两个关键因素和重要指标，在缺乏生活污水处理设施和垃圾任意堆放的小城镇更是如此。[①] 于庄乡镇企业的发展和城镇化的推进，产生了人口集聚效应。由于污水和垃圾处理设施建设不能满足人口急剧增长的需要，由此引发了一些环境问题。

一、于庄人口的集聚

1965 年于集人民公社成立前，于庄是隶属于神头人民公社的一个自然行政村，基本上没有外来人口。1965 年于集人民公社成立后，于庄成为公社机关驻地，开始有外来人口以国家工作人员的身份进驻于庄。在于庄村界内，从 1966 年开始兴办社办企业，从 1979 年开始兴办村办企业。社办企业和村办企业的发展，使于庄集聚了越来越多的外来人口。于庄从民国二十年（1931）开始，开集立市。于庄成为公社驻地后，集市规模越来越大，吸引附近村庄或乡镇的农民和客商到于庄来赶集，增加了于庄的流动人口量。

于庄乡镇企业的发展和城镇化的推进是产生人口集聚效应的原始动力。于庄乡镇企业的发展集聚了许多外地来做工的人，城镇化的推进集聚了许多外来的客商。于庄企业发展对劳动力需求的不断增加，形成以于庄为中心、呈环形向内紧缩的人口集聚格局。城镇化的推进为第三产业的发展提供了良好的环境

---

① 参见李相然. 城市化环境效应与环境保护. 北京：中国建材工业出版社，2004，32 ~ 36.

和空间，加强了传统市集的经济辐射力，形成以于庄为中心的，向外辐射的同心圆状商业网络。周围村庄和周边乡镇的人口沿着这个网络呈波状向于庄集聚。于庄外来人口的集聚主要从两个方面形成，一是外来劳动力在于庄企业的集聚，二是外来客商在于庄街区和商业小区的集聚。

于庄人口的正常流动也因村庄经济的发展而受到了影响。于庄人口除了自然增长之外，因乡镇企业发展和城镇化的推进产生的人口向外流动的阻滞和人口回流，也是导致人口增加的原因。人口向外流动的阻滞，是指正常情况下通过升学、参军和招工（打工）向外进行的流动受到了阻滞。人口回流，是指嫁出去的姑娘依据传统的习俗应该到婆家定居，而没有到婆家定居又回到于庄定居的现象。于庄人口的集聚根源于于庄经济的发展。

二、于庄人口集聚所产生的环境问题

（一）联产承包责任制前的环境问题

于庄在联产承包责任制前，全村分为四个生产队，生产队是基本的生产单位。社员按人口分有少量的自留地，在集体劳动之余自己耕种。大部分的耕地都是采取集体耕作的方式。以生产队为单位，实行集体劳动、统一分配的制度。按社员的劳动工分分配粮食，粮食以玉米、高粱、地瓜等粗粮为主，粮食处于偏紧的状态。一年四季不断粮的家庭算是比较富裕的人家。柴禾也是按人口或工分分配的。作为主要燃料的柴禾也处于偏紧的状态。所以，当时看一个家庭是否富裕的标志就是粮囤大小和家里的柴禾垛的大小。村民做饭都燃烧棉花秸秆、玉米秸秆、高粱秸秆等柴禾，冬天也是靠做饭烧柴禾产生的热量来取暖。村民家里主屋的土炕都是和灶台连通的，做饭烧的柴禾也暖了炕，不和灶台连通的土炕是用燃烧碎柴禾或锯末来取暖的。

由于村民手中持有的现金较少，再者当时的煤炭是按城镇人口定量供应的，所以于庄的村民基本不用煤炭做饭取暖。只有公社机关单位的家属才用煤炭做饭取暖。村民烧柴禾产生的草木灰也都作为肥料积攒起来。家庭的生活垃圾都习惯倒在猪圈里。所以，生活垃圾没有对环境构成太大的影响。

于庄家家户户都有厕所，大多数家庭的厕所在自家庭院里。多数家庭的厕所是开放式的，厕所和猪圈连通。人的粪便被猪吃掉，这是很多家庭认为很经济实惠的做法。夜里在屋子里放个陶瓷的盆子以便起夜小便用。在生产队的时候，队里统一积肥，每天早上都有专人挑着挑子到各家各户门前收集尿液，然后倒在生产队的积粪池里。

塑料质地的方便袋还没有普及，村民们到集市上购物一般都是用竹子编的提篮或粗布做的兜子等。由于物资相对匮乏，很少浪费，包装袋等被循环再利用的次数很多。所以，在当时还没有出现塑料袋等难以分解的垃圾泛滥成灾的问题。

像牛、马、骡等比较大的牲畜都是以生产队为单位集体饲养。因为主要采取集体耕作的方式，个体家庭既没有饲养的必要，又没有饲养的能力。于庄几乎家家户户都有猪圈，养猪是家庭的主要副业，猪圈是积攒农家肥的主要来源。猪圈的积肥每年挖掘两次，分别是在麦收和秋收之后，播种时压底肥用。每个家庭都有向集体交积肥的任务，交足集体的任务后，剩余的积肥可以上到自家的自留地。于庄人经常把猪圈里挖出的积肥堆积在自家的门前，每当麦收和秋收后，公路两旁，房前屋后都堆满了积肥，满大街散发着粪肥的味道。因为家家都这样做，所以大家都习惯了这样的环境，没有人提出什么意见，也没有人因为此事发生矛盾和纠纷。有的家庭还在庭院里养羊，因为羊不吃粮食，所以对农民来说，养几只羊还是比较划算的事情。只需上工回来的时候多辛苦点，拔点草就可以解决羊的饲料问题。或上工的时候把羊拴在田间地头，收工的时候再把羊牵回家。羊都是圈养的，据说羊粪肥力大，所以，家家户户都把积攒的羊圈里的肥料上在自家的自留地里。

在于庄，家庭养猪都是采取半圈养的方式，白天把猪放出去找活食吃，夜晚把猪圈回家。鸡鸭等家禽也都是采取半圈养的方式，白天放出去，夜晚圈回家来。这种半圈养的方式造成了很大的问题。满大街的家畜和家禽的粪便影响了环境卫生。尤其是下雨天的时候，大街上积落的雨水上面漂浮着动物的粪便。尽管也有些人每天早晨早起背着粪筐拾粪，但这也是出于多积攒些肥料的动机，而不是清洁环境保持卫生的动机。放养的家畜和家禽常常到庄稼地里找食吃，对庄稼造成一定的毁坏。如果毁坏的是自留地里的庄稼，必然会引起家庭与家庭之间的矛盾。如果毁坏了集体的庄稼，也会遭到别人的议论，但不会在个人和家庭之间产生矛盾。为了解决家畜和家禽破坏集体庄稼的问题，公社以生产队为单位，从各村庄抽人成立了小分队，专门巡查到集体的庄稼地里破坏庄稼的家畜和家禽。当时生产队长每次开会的一个议题必然是家禽和家畜的圈养问题。

家庭生活污水的排放都是就地解决，倒在门前的大道上，特别脏的污水会倒在村外的沟里面去。雨水的排放都是按照自然形成的排水道排放到村外的沟里去，村里没有统一的规划。在人口不太集中的时候，这不是很明显的问题。

住在于庄的公社机关单位的家属们的生活垃圾主要是烧煤做饭取暖的煤渣，他们都是把煤渣倒在村南面一个湾的湾边上，因为量小也没有成为一个太大的问题。公社卫生院是个特殊的单位，他们的医用垃圾都是自己按照医学标准进行处理，并没有影响于庄的环境。

所以，在于庄实行家庭联产承包责任制之前的环境问题主要是物质资料乏匮所产生的。由于物质资料的乏匮，农民饲养家畜和家禽作为增加家庭收入的一项来源，但圈养的成本较高，一般的都采取半散养的方式。这是实行联产承包责任制前于庄环境问题的主要原因。

（二）实行联产承包责任制后的环境问题

事实上，家庭联产承包责任制在本质上只是一种土地经营方式。这一制度作为一种人与物的对应关系以及土地、劳动力、资本和技术等要素功能释放的刺激体制，它能有效地克服外部性，使农民获得劳动的边际报酬率的全部份额，增加劳动力/劳力供给程度还节约了监督费用。[①] 因此，这种"生产责任制的建立，不但克服了集体经济中长期存在的'吃大锅饭'的弊端，而且通过劳动组织、计酬方法等环节，带动了生产关系的部分调整，纠正了长期存在的管理过于集中、经营方式过于单一的缺点，使之更加适合于我国农村的经济状况"[②]。也就必然促进了生产力的提高，使农村经济有了前所未有的发展（见表4—1），农民生活有了极大的改善。

表4—1　全国1978～1984年农业年平均增长率

	农业	种植业	粮食	棉花	畜牧业	渔业	林业
1978～1984	7.7	5.9	4.8	2.0	4.0	19.9	9.4

资料来源：林毅夫. 制度、技术与中国农业发展. 上海：上海三联书店，1992年，78.

家庭联产承包责任制的实施改变了农民的"公""私"观念。费孝通先生在《乡土中国》这本书中，在研究"差序格局"的时候提到了"公"和"私"的问题。"一说是公家的，差不多就是说大家可以占一点便宜的意思，有权利而没有义务了"，"因之这里所谓'私'的问题却是个群己、人我的

---

① 林毅夫. 制度、技术与中国农业发展. 上海：三联书店，1992，55.
② 《全国农村工作会议纪要》（1981年12月）. 见：《三中全会以来重要文献选编》下册. 北京：人民出版社，1982，1062～1068.

界限怎样划法的问题。"① 在生产队集体生产的时代，农民有一种观念，偷集体的财产不叫偷，偷私人的东西那才叫偷。比如，有人偷了集体地里的玉米，即使被生产队长逮着了，那也不是什么丢人的事情。如果偷了别人自留地里的玉米，那是非常不道德的事情，会受到舆论的强烈谴责。同样，农民饲养的家畜和家禽如果偷吃了集体地里的庄稼，被生产队长逮着了会受到一顿责骂，警告要看管好不要再让逮着了。如果自己的家畜和家禽偷吃了别人自留地里的庄稼那会引起两家之间的矛盾和纠纷。但在生产队时代，毕竟自留地是很少的。在收益和风险的比较中，农民们觉得半散养的方式比较划算。

联产承包责任制后，把集体的土地承包给农户家庭经营，责任和利益明确到户，在涉及到私人的财产和利益的时候，村民们还是比较自觉地维护别人的利益，因为维护别人的利益也就是维护自己的利益，损害别人的利益也就是损害自己的利益。联产承包责任制也大大地提高了粮食的亩产量，家庭饲养家畜和家禽的能力提高。所以，联产承包责任制后，于庄农民饲养的家畜和家禽由过去的半散养变成圈养。家畜和家禽散养所产生的环境问题因为生产体制的改革而自然得到解决。

联产承包责任制后，农民有了更多自主支配的时间，农村蕴藏的潜在劳动力得到释放。在城市对农村剩余劳动力吸收能力有限的情况下，发展乡镇企业是解决农村剩余劳动力就业和增加农民收入的重要渠道。联产承包责任制也为劳动力的流动创造了条件，为农民从事多种职业提供了较好的平台，使人口在乡村区域范围内的集聚成为可能。乡镇企业的发展很容易在短期内形成人口的大量集聚。

于庄乡镇企业的发展加速了于庄人口的积聚过程。于庄外来人口的大规模集聚是从 1987 年于庄织布厂建立后开始的。随着于庄织布厂生产规模的扩大，本村的劳动力已经不能满足企业的需要，开始从外村和外地吸收劳动力。厂里给工人提供集体宿舍，由于实行每口三班制，附近村庄的工人在白天休班的时候都回家。离家比较远的工人则不经常回家，在厂里的集体宿舍住的时间较长。相应地随着乡镇企业人数的增加，各种为之服务的商店、摊点等也应运而生。这些商店和摊点一开始是于庄人自己开的，后来外村人在于庄开商店、摆摊点的越来越多起来。过去在于庄没有太多外来人口的时

---

① 费孝通. 乡土中国 生育制度. 北京：北京大学出版社，1998，24～25.

候，村民们都能按照传统的方式处理生活垃圾，有很多生活垃圾作为肥料被用在地里。这种近似循环经济的做法使村民的生活保持了相对的安宁。村里没有指定的垃圾堆放点，也没有垃圾箱，邻里之间也没有因为垃圾堆放的问题而产生矛盾。

随着人口的集聚，生活垃圾和生活废水已经超出原有自然设施的承载能力，居民的生活环境恶化。引起了居民之间，以及本村居民与外来人口之间的矛盾。

织布厂为住宿的工人修建了集体宿舍，集体宿舍的设施比较简陋。公共厕所设在离宿舍不远的地方，厕所旁边有一个自然形成的垃圾堆放点，没有盥洗室。集体宿舍外面有一个简陋的水龙头，住在厂里集体宿舍的工人，他们洗衣服、洗脸、刷牙都在水龙头附近。水龙头下面是一个排水道，排水道开口的上面盖着一个铁箅子。夏天的时候，由于积水较多再加上工人们刷洗饭盒所残留的食物发霉，使宿舍区的环境较差。冬天的时候，积水结成面积很大的冰把排水口封死。工人们没有办法只能把生活废水泼在冰上。春天变暖的时候，冰开始融化，宿舍区的环境进一步恶化。有的工人把污水泼在宿舍区的外面，引起附近村民的不满。宿舍区的排水管道是畅通的，而厂区外面的排水系统不能正常排水。

在于庄的街区摆摊经商的经商户的垃圾处理问题比较复杂。随着在于庄摆摊经商的经商户的增多，原先不太突出的问题变得突出起来。首先是如厕问题。由于于庄没有公共厕所，过去摆摊经商的人较少的时候，都是到附近村民家中的厕所去，或到机关企业单位内部的厕所。随着在于庄经商户的增多，很多农户和机关单位拒斥外人使用内部厕所。其次是垃圾堆放问题。由于村里没有统一规划垃圾堆放点，出现了随意堆放垃圾的现象。由于塑料质地方便袋的普及使用，垃圾问题更为突出，废旧塑料包装袋由于缺乏有效的处理和管理，有些泛滥成灾。每当刮风的时候，塑料袋漫天飞舞，以致树枝上挂满了花花绿绿的废旧塑料袋，庄稼地里也刮进塑料袋，秋收之后耕地的时候，很多塑料袋被翻压在土壤里，影响小麦的出芽和生长。垃圾的任意堆放也引起了村民的意见，谁也不愿意把垃圾堆放在自己家周围。这样的冲突出现过几次。有的村民在自己家的院墙上写着此处不准堆放垃圾，有违者逮到重罚之类的警语。村民和摆摊经商者都把意见反映到村里。

于庄村委会集中了各方的意见，决定由村里出面解决这些涉及到公共利益的问题。村里在摆摊经商者比较集中的地方，选择合适的位置修建了一个公共厕所，沿街区设置了几个半封闭式垃圾箱。这些公共卫生设施是由村里投资兴建的，但是卫生的维护需要有专人和专项资金。村委会在村里找了一个人负责厕所和垃圾箱的管理，由村委会每月给200元的补助。村里对每位摆摊经商者按月收取一定的卫生管理费。这些费用用来维护公共卫生设施及卫生管理人员的开支。为了减少摆摊经商者的经济方面的负担，有利于维护于庄的形象，村委会收取的卫生管理费用仅相当于实际开支的一半，另一半由村里支付。

（三）于庄集市环境问题

于庄在成为公社驻地后，集市规模越来越大。每月阴历的一、六是于庄的集市日。联产承包责任制前，像全国各地的集市一样，于庄的集市规模和辐射的范围都比较小，集市经营的商品品种比较少。早期逢赶集的时候，外村赶集卖东西的人早早来于庄的那条东西街上占个好地方。由于街区还没有统一规划，街区还是土质路面。赶集卖东西的人到附近居民家借个扫帚打扫一下卫生，散集后再自己打扫一下。一般都是给附近居民一点象征性的补偿，比如，卖西瓜的会给一个西瓜，买白菜的会给一棵白菜。也有的靠近街区的居民会主动打扫一下门前或住家附近的卫生，换取摆摊者给的一点实物报酬。于庄的村民不会主动索要的。给了就要，不给也不强要。集市持续不到半天的时间。来赶集卖东西的人或推着手推车，或赶着牲畜拉的胶轮车。一般都把自己的车子当作临时货架，没有人把车子寄存起来，确实有必要寄存的也都是放在亲戚或熟人的院子里。大多数人都是步行来赶集，如果买卖的东西不多的话就自己提着或背着。由于自行车较少，再加上当时集市的规模不是很大，所以，还没有出现专门存车的存车点。

春节前的最后一个集，于庄人称为"花花街"集，持续的时间最长，一般要持续一天。买卖各种年货的都集中在这最后一个集上。"花花街"集市的规模较平时的规模大，有时要赶到村外的荒地里去。平时没有而"花花街"特有的爆竹市一般都在村子外面。于庄人觉得赶了"花花街"集才真正闻到年味了。"花花街"集赶过之后，遍地的爆竹爆炸后残留的废纸屑给人一种年要到了的感觉。"花花街"集赶过之后的卫生没有专人负责，除了各家打扫院子附近的卫生以外，村子外面的空地上赶过集之后的卫生没有人管，任其自然地解决。

联产承包责任制前，村里也没有派专人负责集市的卫生问题，散集后，有的靠近街面的居民会主动打扫一下卫生，也有的不打扫。这是自愿的事情，不管打扫的还是不打扫的，没有人抱怨。

村里没有修建公共厕所的时候，赶集的外村人都到靠近集市的居民家如厕。一般都是女性去得多，不熟悉的男人去人家院子里的厕所如厕，人家是忌讳的。所以，男人如厕一般都是找比较偏僻的地方随地解决。

联产承包责任制后，以家庭为基本单位的农民自身的利益得到凸现，农民的商品经济意识开始萌发。同时，农业劳动生产率的提高也促发了农村商品经济的发展。农村集市的规模不断扩大，农村集市辐射的范围也在扩大，农村集市上出售的商品的种类在不断增加。

于庄的集市在联产承包责任制后规模扩大，过去集市只在东西大街上。集市规模扩大后，集市扩大到贯穿于庄村子南北的陵宁公路两旁。塑料方便袋也开始在农村普及。农民买卖东西也开始习惯于用塑料方便袋。所以，每次赶集过后满街的垃圾和废旧塑料方便袋严重地影响了于庄街区的形象和环境。自行车也开始普及，骑车赶集的农民越来越多。农用机动车也逐渐代替过去的手推车和牲畜拉的胶轮车。交通工具的进步增加了集市辐射的距离和范围（见表4—2）。在生产队时期，于庄集市辐射的范围较小，在集市上做生意的都是附近村庄的农民，基本没有外地人。于庄的集市规模越大，集市的环境问题越明显。有村民开始在自己的住房附近圈出一块地方收费存车，后来乡派出所出来干涉，负责存车的村民和派出所就所收费用的分成达成协议。商品经济意识的觉醒使有些村民开始向在自家院子附近赶集摆摊的人私自收取卫生管理费。他们觉得在自家院子附近摆摊，散集后他们要打扫卫生，收取一定报酬是合理的。这种做法在村民中迅速得到认可，并成为一种约定俗成的规矩。这件事情被村支书于宏奎知道后，他觉得这是有损于庄形象的事情。他通过村里的广播喇叭狠狠地批评了这些人，还公开点了这些人的名字，限期让他们把私收的钱交到村委会会计那里。

最后，村委会决定整顿村风村纪，任何人不准擅自收取来于庄做买卖的人的钱财，违者除点名批评外，还要给以加倍的罚款。同时，村里出资修建了两个公共厕所，设置了半封闭式的垃圾箱。选派几名村民负责集市的卫生。由村里组织向摆摊的客商收取一定量的卫生管理费，这些费用用于卫生管理的部分开支，卫生管理费用的资金缺口部分由村里支付。

这样于庄的卫生管理的人员在增多。前面讲的负责平时摆摊的卫生清除的村民也负责集市卫生的管理，任务重了，需要的人员相应地也增加了。

表 4—2　于庄市集商贩情况统计表

商贩来自的村子	人数	商品名称	离于庄的距离	所在方向	商贩的交通工具
于庄	5	服装、副食	——		
本乡的张武村	3	水果、蔬菜	3 公里	东北	机动三轮车
本乡的任张村	2	猪肉、蔬菜	1.5 公里	正东	机动三轮车
本乡的杨书办村	2	蔬菜、干果	2 公里	东南	人力三轮车
本乡的张西楼村	1	副食	3 公里	正西	机动三轮车
本乡的巨家洼村	1	烟草	3 公里	西北	自行车
城关镇的蒯家村	1	服装	5 公里	正南	农用柴油汽车
官道孙镇的张家	1	各种鞋子	12 公里	正北	农用柴油汽车
平原县的坊子村	1	服装、鞋子	25 公里	正南	摩托三轮车
临邑县的门刘村	1	海产品	32 公里	东南	农用柴油三轮车
本乡的阎店村	1	羊肉、羊下货	5 公里	正北	摩托三轮车

资料来源：根据 2006 年 4 月份笔者田野调查笔记综合整理而成

（四）城镇化过程中人口积聚所产生的环境问题

于庄是乡政府驻地，也是传统的集市所在地，本身就具有人口集聚的社会功能。于庄地界内的企业有三种，乡办企业、村办企业和私人企业。1965 年于集人民公社成立后的第二年开始建立社办企业，开始吸收有限的外来人口。1979 年于庄的第一个村办企业建立，基本没有吸收外来人口。从 1987 年于庄织布厂开工以来，于庄的村办企业集聚了大量的外来人做工。随后，1989 年于庄地界内建立的第一个私人企业开始吸收外来人口。于庄乡镇企业的发展加速了外来人口的集聚，流动人口的增加也带动了相关产业的发展。到于庄经商做生意的人也多了。过去在计划经济时期，于庄的商业企业只有公社管辖的一家供销社、一家饭店和一家大车店，供销社每天都有固定的上下班的时间，春节前的腊月二十六就准时关门，直到春节过后的正月初五才开门营业。饭店和大车店的营业时间稍微灵活点。由于体制的原因，那个时代于庄没有私人开的店铺，也基本没有摆摊做生意的。于庄乡镇企业的发展带动了第三产业的发展，各种商店和服装店等也增多了。

于庄的街区规划和房屋改造完成后，整个村庄已经具有小城镇的外在景观。村里投资建设的商贸区和工业园区为招商引资提供了良好的硬件条件。沿街村民的楼房都建成商、居两用式的。有的村民自己经商，有的村民把房子出租给别人经商，租房子的有本村人，也有外村和外地人。

在于庄街区规划和房屋改造过程中，由于考虑到长远的发展规划，沿街区两侧修建了排水管道，排水管道直接通到村外的小河沟里，各家各户的排水问题得到了彻底解决。村里为村民提供免费的自来水，但修建的排水管道只能解决日常生活污水的排放以及夏季雨水的排放。所以，村民沿街修建的二层楼房的二楼一般都没有卫生间这样的设施，厕所和卫生间都修建在院子里的一角。村民洗澡一般都用太阳能热水器。村里没有集中供暖的设施，所以，各家各户都采用"土暖气"取暖，自己买煤烧采用水循环的大炉子，做饭取暖两用。夏季的时候，村民做饭用煤炉子的多，也有用电和煤气炉子的，基本上没有用柴禾的了。所以，煤渣是各家各户主要的生活垃圾，村民一般都把废煤渣倒进沿街排放的垃圾箱里。冬天的废煤渣量由于家家户户都烧土暖气的缘故而比夏天的时候多。

在于庄租房子做生意的外地人，他们大多都是熟人或亲戚关系介绍租到做生意用的房子的。随着于庄城镇化进程的加快，于庄的出租房就比较紧张，房的租金有不断上涨的趋势。租房者一般都是自己做饭，冬天取暖和房东合用一个取暖的"土暖气"，费用由双方分担。由于于庄外来人口的增多，垃圾量在增加。于庄原有的负责垃圾管理的人员已经不能满足卫生管理的要求，于庄的垃圾要用机动车运送到距离于庄大约4公里，位于于庄与县城之间的垃圾场。于庄成立了环卫队，形成相对固定的组织编制。环卫队负责整个村庄界内的环境卫生的清理及管理工作。凡是使用公共卫生设施的住户都要交纳一定的卫生管理费，费用按月收取。一开始，只收取外地在于庄租房或摆摊做生意人的卫生费，本村村民的卫生费由村里统一支付。后来有租房者向村委会提出说，这不太公平。因为本村村民免收卫生管理费似乎有让外地人替于庄人承担卫生管理费的嫌疑。村委会决定不管是本村居民还是外来人口都要交卫生管理费。本村卫生管理费按人口收取，外来做生意的按经营的性质和规模而定。集市的时候，按摊位收取卫生管理费。于庄卫生管理费的收取经乡、县的有关职能部门批准。

沿街摆放的半封闭式的垃圾箱在使用过程中也出现了一些问题。一是下雨天的时候，雨水灌注在垃圾箱里，一些生活垃圾变霉发出溲臭味，影响到垃圾箱附近的居民和生意人。二是夏季的时候，很多居民把一些西瓜皮、水果皮和下脚料的蔬菜等易腐蚀变霉的垃圾倒进垃圾箱里面。夏季气温高，雨水又多，垃圾箱上蚊蝇成堆，使垃圾箱成为新的污染源。

居民的厕所都在自家院子里，楼房里面没有卫生间。居民习惯于把夜间的小便倒进自家门前的排水道中，由于排水管道在设计的时候没有考虑这个问题，只是考虑平时的生活污水和雨天雨水的排放问题。所以，整个街区都因为这个问题而搞得空气中弥漫着一股尿臊味，尤其是到夏季的时候，这个问题更明显地暴露出来。

于庄的居民邻里之间因为垃圾箱的放置问题发生过一些纠纷。当时放置垃圾箱的时候没有人太在乎距离自己家的远近，都觉得村里购置了垃圾箱是件好事，大家使用起来方便。当垃圾箱在使用过程中成了新的污染源的时候，垃圾箱的位置也引发了居民之间的矛盾。有的居民擅自移动垃圾箱的位置遭到邻家的不满。沿街租房子做买卖的外地人一般都租住一层，垃圾箱的位置直接涉及到他们的利益。有的垃圾箱距离门面太近影响生意，尤其是一些做副食生意的更在乎这些事情。因为垃圾箱的问题，发生了于庄居民之间，于庄居民与外地租房者之间以及外地租房者之间的矛盾和纠纷。

再就是下水道的排污问题也引起了邻居之间的纠纷。下水道的开口并不是沿街的每家每户门前都有，而是按照一定的间隔距离设置的。靠近下水道开口的人家不希望别人从这里倒小便等秽物，而离下水道开口较远的住户会把秽物倒进离自家较近的开口里，他们觉得下水道是公用设施，不是私人物品，住在于庄的居民都有权利使用下水道。有的靠近下水道开口的人家为了防止邻家往下水道里倒秽物，就把下水道的开口人为地堵死。这也是引起邻里纠纷的一个问题。

这些纠纷和矛盾是个人间不好解决的，只能由超越个人间的组织解决。因为这些都属于公共产品，不是任何私人间所能解决的。于庄解决这些问题的方式是以村规的形式宣布不准向下水道倾倒小便等污染严重的秽物，对违反规定的给以罚款的处罚。对于垃圾箱的位置，还是按照一开始的摆放位置摆放，任何人都不准私自移动垃圾箱。为了解决垃圾箱散发臭味影响居民居住环境的问题，村里投资更换了设计更为合理的环保型垃圾箱，既美化了于庄街区的景观，又解决了垃圾箱散发臭味的问题。

由于新型环保型垃圾箱的容量和设计不适于居民倾倒煤渣等垃圾，为了解决居民倾倒煤渣的问题，尤其是冬天居民倾倒煤渣的量较大，村里设置了流动垃圾车，每天早晚两次沿于庄的街区收集煤渣等垃圾。村里要求各居民把煤渣积存起来放在方便袋里，等流动垃圾车到家门口的时候放到垃圾车上。于庄的环卫组织随着城镇化的推进和人口的增加而不断地发展壮大（见表4—3）。

于庄城镇化进程的加快，使于庄积聚了越来越多的外地人。人口的增加使垃圾的处理日益成为一个让人关注的问题。因为垃圾处理的问题引起的居民之间的纠纷和矛盾只能通过村委会这个组织出面解决，从技术方面来说，更先进的环保设施和垃圾处理设施的使用是解决问题的物质基础。环境问题的社会化解决方案取决于村委会的财力和组织能力。

表4—3　于庄环卫组织的发展

年份	人数	工作内容	工具	经费来源
1978 年	0	——	——	0
1986 年	1	负责公共厕所和垃圾箱和摆摊者的垃圾清除	扫帚、手推垃圾车、专用簸箕、特制装粪车	摆摊经商者和于庄村委会
1994 年	4	负责公共厕所、垃圾箱、集市卫生和街区卫生	手推垃圾车、机动垃圾车、扫帚、专用簸箕、特制装粪车	村委会和固定商户、摆摊经商者、集市客商
2002 年	8	负责公共厕所、垃圾箱、集市、街区、企业非生产区、商贸小区	手推垃圾车、机动垃圾车、特制装粪车、专用扫帚、专用簸箕	村委会、固定商户、集市客商和于庄居民
2005 年	14	负责公共厕所、垃圾箱、集市、街区、企业非生产区、居民居住地公共区域、商贸小区	手推垃圾车、机动垃圾车、特制装粪车、专用扫帚簸箕、洒水车	村委会、固定商户、集市客商和于庄居民

资料来源：根据对于庄环卫人员的访谈资料整理。

第二节　建筑垃圾造成的环境问题

一个地区的降水量和历史上曾经发生过的自然灾害是决定该地区房屋建筑结构和质地的一个自然变量。另外，经济状况也是影响房屋结构和质量的重要社会因素。因为一个农业村落要进行城镇景观的改造和建设，涉及到房屋的拆迁以及由此而产生的建筑垃圾的处理问题。所以，考察于庄城镇化过程中的建筑垃圾造成的环境问题，首先要考察于庄的降水及自然灾害情况，然后考察房屋结构和质量随经济社会的发展而发生的变迁。

一、于庄的降水及自然灾害

根据县志的记载，于庄 1962 年至 1979 年，历年平均降水量为 599.9 毫米。最多年为 1088.1 毫米，出现在 1964 年。最少年份为 263.4 毫米，出现在 1972 年。一日最大降水量为 160.9 毫米，出现在 1974 年 8 月 9 日。一次连续最大降水为 191.2 毫米，出现在 1974 年 8 月 7 日至 11 日。下表是根据县气象局气象资料整理的于庄降水量情况表。

在于庄没有发生过大的自然灾害。上个世纪六十年代和七十年代发生在河北的两次大地震的余震，对于庄产生了一定的影响。1966 年 3 月 22 日凌晨 4 时，河北邢台地震，16 时 19 分又震，震级为 7.2 级。于庄当时有强烈震感，有 10 间老旧房屋和几十米的夯土院墙倒塌，所幸人畜无伤亡。

1976 年 7 月 28 日凌晨 3 时 42 分，河北省唐山市和丰南县地震，下午 6 时 55 分昌黎县地震，震级分别为 7.5 和 7 级，于庄有强烈震感，均在五级左右，老旧房屋倒塌 15 间，新建的砖瓦房没有倒塌，但有的墙壁出现裂痕。

表 4—4 平均季、月降水量

季	春			夏			秋			冬			年
月	3	4	5	6	7	8	9	10	11	12	1	2	
降水量	7.4	36.1	28.2	55.8	204.9	160	48.5	29.3	15.2	3.9	3.5	7.1	599.9
	71.7			420.7			93.0			14.5			599.9
占全年雨量	12			70.1			15.52.4			100			

注：根据陵县气象局的气象资料整理

二、于庄房屋结构的变迁

于庄的房屋结构是与当地的降水量、气候条件和曾经发生过的自然灾害有关系的。但是随着经济的发展和村民收入的增加，村民住房的质量逐渐提高。1965 年以前，于庄的房屋多数都是蓝砖墙基、土坯墙面、茅屋顶。墙基多数是七行砖，家境差点的也有五行砖的，家境好的墙基九行砖。墙基的砖是用白石灰掺上沙子砌成的，墙基用砖砌成中空的，中间用废砖料填允。谁家准备盖房子的时候，就提前到处捡废砖头瓦片积存起来备用。墙基与土坯墙面之间用苇草隔开，是为了防潮，后来也有用塑料布或油毡代替苇草的。檩条是本地产的杨木或柳木，没有用榆木的，据说榆木易变形和虫蛀。一般都是七檩，也有五檩的，基本没有九檩的，房间与房间之间的檩条衔接处用木梁架住。由于屋顶是近乎平的，坡度不大，所以，木梁的脊都较小。一座房子最值钱的也就是木梁了。屋顶是用掺着麦秸的泥土锤制的，少数富裕户的屋顶用白石灰和废煤渣的混合物锤制而成。屋子里的地面都是土的，用土夯夯实、夯平就可以用了。

窗户是木制花格子的，在里面裱糊上一层绵纸，外面用塑料布制成活动的防雨的帘子，晴天的时候卷上去，下雨的时候落下来。门是实木做成的木板门，保暖性和透光性较差。房屋坐北朝南，一般都是三间，也有四间或五间的。院墙是用土夯成的。厕所修在自家院子里，厕所和猪圈是连通的，厕所的后面是猪圈。院落一般都比较大，多数人家在院子里还有羊圈、鸡舍等。

房子的墙面用加上麦秸的泥裱糊，泥墙一般都泥两遍，第一遍称为上粗泥，第二遍称为上细泥。一般都是每两年泥一次房子的墙面，泥墙都是在雨季到来之前的春季农闲的时候。也有用白石灰泥墙面的，这一般是家境较好的人家。家里有壮劳动力的都是自己干，家里人手不够的要请人帮工。帮工不给工钱，欠的是人情，只管饭吃。屋顶也基本上是每年的雨季之前加固一次，和泥墙面同时进行的较多。屋顶是锤制而成的人家就少了年年雨季前加固屋顶的麻烦。

当时于庄人判断一个家庭殷实与否的标准，就是看看这家的檩条是几檩的，房基的砖是几行的，房子的墙面是否白灰的。房屋的外观成了一个家庭社会地位和经济状况的外在标志，所以，于庄人有修建高标准房屋的传统，这种传统已经成为于庄人内在的价值观。

盖房子之前先要请人打土坯，打土坯对土质的要求颇高。沙土不行，用沙土打出的土坯没有劲，不抗雨水冲刷。最好的土质是红土，用带有黏性的红土打得土坯结实。盖房子前先要请村里的干部吃饭，要村干部给划定一块取土打坯的地方。盖房子要影响四邻的，所以也要请四邻吃饭，为的是图个照应，减少邻里之间可能产生的纠纷和矛盾。盖房子是件大事情，破土动工的日子要请风水先生选定，房子上梁的时候要放鞭炮，还要烧纸钱、给土地爷爷上供，请求土地爷爷保佑平安。

于庄人常教育自己的子女要与人为善，他们常举的经典的例子就是于庄的某人因为作恶多端，人缘很差，结果盖房子打的土坯都被人夜里给推倒了。房子没有盖成，一家人落得个臭名远扬。

1965 年于集人民公社成立，于庄成为公社的机关驻地，公社机关及相关的单位都是瓦房，墙面有土坯的也有砖的，玻璃门窗。公社机关及相关单位都集中在于庄的村子南面。公社成立后陆续建立了三个社办企业，其中有两个在于庄的地界内。社办企业的车间和办公室都是砖瓦房，玻璃门窗。

1970 年以后，于庄村民的房屋建设在格局和风格方面都有所改进。房屋的建筑面积扩大，檩条由过去的七檩居多变为九檩的居多，有的家境好的人家开始用十一檩的檩条。茅屋顶不见了，代之以红瓦的屋顶。屋墙还是以土坯的为主，屋墙外面用白石灰抹平，代替了过去的泥浆。屋子里面的墙面用白石灰抹平，地面也多用砖铺平。居民都睡土炕，土炕是用土坯垒成的，土炕连着灶台，灶台有的是用土坯垒成的，有的是用砖垒成的。土炕和用土坯垒成的灶台用过几年后都要扒掉，用新坯重新垒。扒掉的土炕和灶台当作土肥上在庄稼地里，一般认为越是烟熏火燎得厉害的越有肥力。

玻璃门窗代替了过去的木格窗子和木板门。院墙用土坯垒成的较多，代替了过去的夯土围墙。家境好的人家的院墙墙面也用白石灰抹平。于庄的居民这个时候还没有人家盖砖瓦房。后来有人家盖起了砖包皮的房子，房子的外墙用砖砌成，内墙用土坯砌成。

联产承包责任制后，农民的收入水平大幅度提高。农村的房屋建设出现了新的变化，房屋的格局和造型较以前有很大的改观。房屋的建筑面积扩大了，砖瓦房代替了过去的土坯房。房屋造价提高了，所用建材的质量提高了，钢筋水泥砂石是建房所必备的建材。门窗所用木材由过去的杨木或柳木，逐渐被从东北过来的松木代替。屋里的地面有水泥抹的地面，也有人家开始在地面上铺瓷砖。过去房间的纸顶逐渐被天花板所代替。

20 世纪 80 年代中期以后，于庄村民的土坯房屋逐渐被砖瓦房所替代，人均居住面积在增加，村民居住环境的卫生条件在不断改善。于庄村民房屋建筑材料的更新换代提高了房屋的建筑质量，也提高了村民的生活质量。房屋拆迁所产生的建筑垃圾更难以处理。由于土地承包后，明确了村民的责、权、利，村民享有对土地的承包经营权，就是想盖土坯的房子也无处取土。

三、城镇化过程中的建筑垃圾

于庄的建筑垃圾成为问题是在于庄城镇化进程的外在城镇景观建设过程中产生的。于庄城镇化开始的外在标志是于庄街区的规划和房屋的改造。贯穿于庄的陵宁公路的翻修加宽为于庄的街区规划和房屋改造提供了一次机会。于庄按照统一的规划，沿街的房屋必须盖成二层的楼房。大规模的街区建设和房屋拆除产生了大量的建筑垃圾，于庄村民过去处理建筑垃圾的方式已经不能适应新的情况。过去老房子翻修的时候，除了檩条、砖瓦和门窗等可以继续利用的材料以外，其余的垃圾可以当肥料用，或者把土坯粉碎后可以再利用。联产承包责任制后，利用钢筋水泥等建材建立起来的房屋拆除后的垃圾基本不能再利用。

由于于庄的街区规划和房屋改造的时间比较集中，而于庄地界内可以处理建筑垃圾的空间有限。在于庄城镇化过程中，村委会鼓励进行房屋翻修或房屋拆除的村民采取掩埋的方式处理建筑垃圾，把自家房屋产生的建筑垃圾在自家力所能及的范围内解决掉，实在解决不了的建筑垃圾也不要随便乱倒，以免引起邻里之间的矛盾和纠纷。然后集中起来由村里集中解决。村委会把各家各户解决不掉的建筑垃圾箱统一用机动车辆运送到距离于庄4公里左右的介于县城和于庄之间的垃圾处理站。但垃圾处理站只接收生活垃圾，不接收建筑垃圾。后来有村民向村里的干部建议把建筑垃圾卖给附近村子里垫地基盖房子的人家。因为在农村联产承包责任制后，农民用土垫宅基地或者到自己家的承包地里撒土，如果觉得自己家的承包地里的地面高可以撒土的话就在自家的承包地里撒土，这不影响地力，也不影响粮食的产量。如果自己家的承包地的土不能撒的话，那就只能买土垫宅基地，或者把垫宅基地的活承包出去。不是所有的人家盖房都需要垫宅基地，只有在地势较洼的地方盖房子的人家才需要垫宅基地。于庄村委会接受了这项建议。问题是怎样才能知道哪个村子有需要垫宅基地的人家。通过村民私人的关系可以得到一些信息，但这种渠道得到的信息可能较慢，还不一定准确。村委会觉得这个问题由乡里出面协商解决较好，况且于庄的支部书记于宏奎还兼任乡党委副书记。于庄的支部书记向乡党委书记汇报了这一情况后，乡里决定召开由各村支部书记和村委会主任参加的会议，会议的主要问题是要求各村统计需要垫地基盖房的情况，然后和于庄协商解决建筑垃圾的问题。一开始于庄坚持把垃圾卖给需要垫宅基地的人家，按车计价，每车5元。其他村子的支书和村主任觉得毕竟是于庄的垃圾，尽管用建筑垃圾垫宅基地是一举两得的事情，但花钱买垃圾有点面子上说不过去。最后协商的结果是各村把需要建筑垃圾垫宅基地的人家包给于庄村委会，由于庄和各村需要垃圾的人家协商解决方案。通过这种途径和方式，于庄解决了建筑垃圾的处理问题。于庄集体组织车辆把各家各户处理不了的建筑垃圾运送到其他村子需要垫宅基地的人家所需要的地方。

在处理建筑垃圾的问题上，乡党委和政府发挥了重要作用。乡政府作为超越村级组织的一级基层政府，在解决辖区内跨越村界的问题时的权威性是无可替代的。

第三节　于庄的水污染问题

一、陵县水资源状况

水资源包括地表水资源、地下水资源和坑塘河渠水资源三部分。按照浅层地下水层的埋藏条件、厚度、出水量及水质情况，陵县水文地质分为四个区域（见表4—5）。地下水主要是垂直方向运动，属于渗入蒸发型。水平方向的运动非常滞缓。据 1975～1979 年地下水观测资料分析，地下水埋深平均下降11.5 米，1979 年平均埋深2.34 米，多年平均变幅1.72 米。

陵县地下水主要化学类型是重碳酸盐、氯化物和硫酸盐型（见表4—6），最好的为重碳酸盐型，分布于漳卫新河、马颊河两岸河滩高地，矿化度 1～1.5 克/升；最差的为氯化物型，主要分布于丁庄乡中部至于集乡西北部等地区，矿化度大于 2 克/升。

表4—5　浅层地下水分区表

分区	含水层累计厚度（米）	出水量（米³/时）	矿化度（克/升）	面积（平方公里）	占总面积（%）	分布地区
Ⅰ	715	50～70	1～1.5	54.1	3.81	抬头寺中心地带
Ⅱ	10～15	40～50	1.5	238.8	16.82	神头、官道孙、邓集等公社
Ⅲ	5～10	20～40	1.5～2	185.8	13.09	零星分布全县
Ⅳ	<5		≥2	941.3	66.28	丁庄、宋家、黄集等公社部分地区
小计				1420		

资料来源：根据陵县水利局水文资料整理

表4—6　地下水化学类型表

化学类型	面　积		占总面积（%）
	平方公里	万亩	
重碳酸盐型	850.5	127.62	59.9
氯化物型	518.5	77.77	36.5
硫酸盐型	50.7	7.61	3.6

资料来源：根据陵县水利局水文资料整理

二、于庄的农田灌溉

于庄的井水主要用来供人畜饮用和农田灌溉，河里的水主要是用来灌溉。田间地头的小河沟主要是用来行洪排涝的，一般都处于干涸状态。在正常年景里，田间地头的小河沟里也被村民随便种上点比较泼辣的庄稼，收着就收着了，没有收着也不在乎。于庄的耕地有离河岸较远的，不便于用河水灌溉，村里就在耕地里打机井用来灌溉庄稼。机井是属于公共财产，联产承包责任制后机井仍然是公共财产。没有通电的时候，用柴油机作动力，通了电以后用电动机作动力。每个机井上都盖个小房子，用来保护机器设备的。每当灌溉耕地的时候，都会临时以机井为中心筑起错落有致的水道。主水道一般都是固定的，很少变动。主水道以外的辅水道则是在灌溉前临时筑起来。机井水泵出口处都修建了水泥的扬水池。用土筑起的水道进行灌溉的最大缺点就是水的浪费很严重，并且还要经常防止水道开口。随着农民节水意识的增强和生产成本的核算，渐渐地土水道被软塑料管所代替。一套软塑料管可以用四五年。如果塑料管漏水，农民可以用简单的办法补上。机井里的水可以通过软塑料管直接通到地头上，节省了大量的水资源，节约了灌溉的成本。

灌溉农田对于于庄的村民来说是个大事情，需要几个人的分工协作才能完成。旱情比较严重时或播种前的灌溉，要黑白天地连续工作，非一人之力所能胜任。在生产队时期，以生产队为单位的农田灌溉由生产队组织青壮劳动力进行。联产承包责任制后，由于机井属于公共财产，由几家合伙灌溉农田。靠近河岸的农田在灌溉的时候自由度大点，因为可以在差不多同一个位置同时安装几台机器抽水灌溉。于庄的村民认为用河水灌溉庄稼比用井水灌溉好，因为河水有营养物质并且温和，井水缺少营养物质并且较凉，对庄稼和土壤不好。由于河水受外在因素的影响较大，常常因受上游的截流而不能在干旱季节里保证充足的水源，所以，于庄的耕地灌溉大多是采用井水。河水灌溉的耕地和井水灌溉的耕地没有绝对的界限，在干旱季节河水干枯的时候，村民们会用井水灌溉过去经常用河水灌溉的耕地，这样做的成本很高，做起来也很麻烦。最近几年村民们常用的方法是在干枯的河底挖洞取水，这样也能解决灌溉水源的问题。在一般年景，于庄一多半的耕地是靠井水灌溉，一少半的耕地靠河水灌溉。下面的这个耕地灌溉情况表是于庄四个村民小组组长的估计数据。

表4—7　于庄耕地灌溉情况表

	耕地亩数	河水灌溉的耕地	井水灌溉的耕地
第一村民小组	340 亩	152 亩	188 亩
第二村民小组	350 亩	106 亩	244 亩
第三村民小组	362 亩	102 亩	260 亩
第四村民小组	348 亩	213 亩	135 亩
总计	1400 亩	573 亩	827 亩

资料来源：根据于庄访谈资料整理

三、于庄的饮水井的变迁

　　于庄人的饮水主要是采取地下水。1978 年以前，露天浅水井里的水是于庄人畜饮水的主要水源。浅水井井深一般 6～8 米。一直到 20 世纪 60 年代，于庄有一口露天的浅水井，井在村子的中间位置，井上有一个辘轳供提水用。用辘轳把水从井里提上来，倒在自己的桶里，然后担回家去。于庄家家都有专门担水用的扁担和水桶。随着于庄人口的增加和村庄规模的扩大，一口井就不太方便了。公社机关的进驻也增加了对水的需求量。60 年代后，于庄在村界内又陆续挖了两口浅水井。露天的浅水井每隔几年都要重新清理一下，如果连续几年不清理的话，井底的淤泥太多，就会影响到井水的味道。

　　于庄人有喝生水的习惯，从井里提上来的水可以直接喝。每家每户都有缸来盛水，人多的缸就大些，人口少的缸就小些。房屋宽敞的人家把缸放在屋子里的一角，大多数人家都把缸放在院子里。于庄人有在缸里放养小鱼的习惯，据村里的老人们说是为了防止缸里被人投毒才放养小鱼的。夏天的时候，人们从地里下工回来，渴了就从缸里舀水喝。于庄的人们觉得生水是干净的，还没有水源污染的概念。村民习惯于做完饭后把锅刷净，然后在锅里烧点开水灌在热水瓶里备用。

　　于庄有农历新年的初一早上去井里抢担第一桶水的习俗。据说谁家在新年的第一天抢担了第一桶水，在来年的运气就好。80 年代初，有人开始在自家院子里打手压水井。压水井的成本很低，在当时花 50 元左右就可以在自家院子里打一眼手压水井。手压井里压上来的水一般都是浑浊的，含有泥沙，要经过一定时间的沉淀后才能饮用。手压井在于庄逐渐普及后，村里的露天水井被闲置了起来。后来于庄村里三口水井都被填堵了，在上面盖起了房子。在于庄人的观念中，尽管手压井里压上来的水含有泥沙，是浑浊的，但比露天水井里的水干净。露天水井的水源污染主要是半散养家禽和家畜的粪便造成的污染。下大雨的时候，地面的积水有时候会流到井里面去。雨水直接落到井里面也是影响水质的一个因素。刮大风的时候，露天水井里经常漂浮着树叶和其他的垃圾物。在塑料方便袋开始流行的时候，人们从井里提水的时候也会经常提出漂浮在井里的塑料袋。于庄人解决露天水井污染问题的办法就是把井台加高以防止下雨的时候地面水流到井里去，但无法解决其他的问题。人们不可能做一个大盖子盖在井口上。

手压水井普及后，用来担水的扁担渐渐地就退役了。水桶仍然发挥着作用。现在很难找到一根扁担了，年轻的小伙子也不会用扁担担水了。新年担第一桶水的习俗也渐渐地被人们淡忘了。

四、化工厂和造纸厂的污染转移

乡镇企业的发展伴随着污染由城到乡的转移。[①] 有研究认为，"污染下乡"的后果是社会生产的外部环境成本转嫁到农村居民的头上，从而为城市节省了一笔支出。农村不仅是城市的政治殖民地、经济殖民地，还是环境殖民地，这是落后的代价，在某种意义上说，城市的先进是农村落后的原因。[②]

从80年代末开始，于庄人有了水污染的概念。县城附近水域的污染使于庄人意识到水污染已迫近于庄。于庄距离县城五六公里的路程。位于县城东边的化工厂在生产中所排出的污水污染了县城附近的水域，在县城北边修建的污水处理厂不能完全有效地处理这些污水。附近居民倒在城北护城河岸上的生活垃圾也由于没有得到有效的处理而散落在河里面。城北护城河里的河水像黏稠的黑米粥一样，上面漂浮着厚厚的废旧的塑料袋，花花绿绿的各种颜色的都有。污水散发着恶臭味。护城河的西岸是陵宁公路，东岸是一些居民的宅院。护城河里污水的恶臭味已经影响到东岸的居民。冬天的时候由于气温较低，污水的恶臭味散发得还不是很厉害。到了夏天的时候，气温升高，恶臭味散发得更远。沿岸居住的居民在夏天的时候不敢开窗子。护城河水的污染也严重地影响到地下水的水质。沿岸居民在建房初期护城河没有污染的时候，都在自家的院子里打手压水井取水。后来河水污染，从手压水井里提出来的水不能饮用

---

① 郑易生. 环境污染转移现象对社会经济的影响. 中国农村经济，2002，（2）.

② 中科院国情分析研究小组. 城市与乡村. 北京：科学出版社，1996，250.

了。水提上来后，泛着白沫，散发出类似于铁锈的轻微的恶臭味。沿河岸的居民们开始要求铺设自来水管道。居民的用水方式发生了变化，用水的观念也发生了变化。过去以为水是不用花钱的，可以随便用。用上自来水后，用水要花钱的，居民开始有了节水意识。

护城河水的污染使周边的居住环境恶化。有些经济条件好的人家考虑着把房子卖掉，然后到环境好的地段买房子。护城河岸边的房子价格有不断下降的趋势。

县造纸厂的污染范围，随着企业规模的扩大而不断扩大。县里的造纸厂不在县城，而在县城西北部的一个村子里，马颊河的岸边上，距县城15公里左右。造纸厂在于庄西北方向，距离于庄12公里左右。在造纸厂生产规模比较小的时候，造纸厂排出的生产废水只影响了周围的几个村庄。造纸厂生产规模的扩大，使造纸厂排出的废水量不断增多，而厂里又没有采取相应的治污措施，使得造纸厂产生的污染影响面越来越大。造纸厂的污水流到了于庄的河沟里。化工厂的污水和造纸厂的污水直接影响到于庄。由于这两个厂子的污水汇合在一起，使得县城到于庄这五六公里的地段污染严重。骑车从县城出发沿陵宁公路到于庄，就能感受到污染的情况。不但看到深褐色的河水，以及漂在水面上塑料袋垃圾，更能闻到不断袭来的恶臭味。沿河岸的农田就用这些深褐色的、带有恶臭味的河水灌溉。县化工厂和造纸厂造成的严重水污染直接危及到于庄的水环境。于庄使用河水灌溉的农田继续使用被污染了的河水灌溉。

五、于庄印染生产线的污染

1994年，于庄上了一条印染生产线。这是于庄自己产生水污染的开始。从1979年于庄建立了第一个村办企业—电动磨房到1994年开始上印染生产线，这十五年间于庄建立了榨油厂，又建立了织布厂。这些企业对环境的污染不是很严重，或者说这些企业产生的污染是不明显的。所以，于庄人没有感到环境恶化所产生的影响。于庄上印染生产线是在于庄周边的水污染比较严重的情况下上马的。县化工厂和造纸厂的水污染已经直接影响到了于庄的环境。在讨论是否要上印染生产线的时候，村干部存在着意见分歧。有的主张不上印染生产线，因为很明显的是，上印染生产线对庄的污染很严重，甚至还要影响到周边的村庄。那么，问题是于庄的村办企业怎么进一步往前发展。于庄的企业不发展就可能被淘汰，将会产生一系列的社会问题。于庄作为乡里的"领头羊"，在经济发展是主旋律的情况下，只能向前走，不能向后退。如果向后退了，不但乡里不允许，就是县里也不会允许的。还有于庄人的就业问题，于庄人多地少，单纯靠土地是不行的，必须发展工商业才能致富。

如果上了印染生产线，那么如何解决和处理生产废水所产生的污染问题。在1994年的时候，县化工厂和造纸厂所造成的水污染也已经影响到于庄的地下水源。于庄花30万元修建了一个300米的深水井，给于庄村民每家每户都免费安装自来水管，村民免费用水。外地在于庄做生意或租房的都要安装水表，按实际用水量收费。村干部的意见中占主流的还是上印染生产线。

对于上印染生产线，于庄村民的意见也是众说纷纭。但当听说上印染生产线产生比较好的经济效益的时候，大部分的村民还是觉得上印染生产线好。于庄的村民在于庄企业发展中受益很多。自从于庄的村办企业得到发展以后，于庄把企业赚的钱拿出一部分反哺农业。于庄是全乡第一个不收农民集资提留款和向国家代缴农业税的村庄。这一点让周围村庄的村民羡慕得了不得。于庄企业的发展也使于庄农民有了较多的非农就业的机会，使于庄的村民有了较多的货币收入。

于庄的印染生产线投产后，由于没有对污水进行有效的处理就直接排到于庄附近的水沟里面去。县化工厂和造纸厂的污水影响了于庄周边的水环境，于庄印染生产线的投产影响了于庄村街内的地面水环境。深褐色的污水沿着河沟慢慢向外扩散，向下渗透。于庄及附近村庄的地下水质急剧恶化。于庄的污水影响到附近村庄的水环境。周围村子村民基本上还都吃浅井水，他们担心于庄的污水会影响到他们的吃水问题。于是便有几个村庄的领导找到于庄的领导反映这个问题。于庄的污水处理确实存在着困难，如果把污水输向县里的污水处理站，沿途要经过大约4公里的路程，在输送过程中可能会产生更大的污染面积。于庄村南面的河流已经被化工厂和造纸厂的污水严重污染，如果于庄的污水向南面的河里排放的话只能加重污染，而就地向附近的河沟里排放的成本最低，且污染面积相对讲是小的。

上一套净化污水的设备的话，成本太高，印染产生的利润可能不抵治污所需要的成本。于庄解决污水排放问题的办法，是尽量把污水圈定在于庄村界内处理，于庄动用人工和挖掘机在于庄印染厂的周围把排污的小河沟加深和在于庄村界内加长。尽管这样，还是影响到周围村庄的地下水，因为污水会向地下渗透，这一点常识大家是有的。但从外在的景观上说，于庄的污水没有侵入其他村的地界。周围的村庄也不好说什么，因为几乎每个村庄都有在于庄做工的人，如果因为这件事情把关系搞得紧张起来也不好。于庄的村支部书记于宏奎也是乡里的党委副书记，各个村的当家人还是很给面子的。

六、水污染对于庄的影响

于庄的水污染不但影响到于庄人的生活用水，而且也影响到于庄的农田灌溉。于庄的农田灌溉有两种水源：河水和井水，于庄用来灌溉农田的河水已经被污染，农民只能用被污染了的河水灌溉农田。于庄的地下水也受到了污染，于庄人凭直觉觉得于庄的浅井水不能饮用了，但灌溉农田还得用机井里的水。从机井里抽上来的水泛着白沫，发出微微的腥臭味。于庄南面和北面的农田基本上都是用河水灌溉，东面和中间的农田基本上都是用机井里的水灌溉。于庄人都把河水灌溉的农田里的粮食喂牲畜或卖掉，他们觉得用污染的水灌溉的农田生产的粮食肯定也被污染了，所以，他们自己不吃这种地里生产的粮食。于庄人都把用机井里的水灌溉生产的粮食留下来自己吃。

于庄人的粮食加工方式也因污染和经济情况的不同而出现了转变。在生产队时期，由于人们分得的粮食较少，于庄村民的粮食结构中，小麦这类细粮所占比重较小，玉米等粗粮所占比重较大。只有到逢年过节的时候才到面粉厂用小麦兑换面粉，更多的人家选择到磨房自己加工，因为自己加工可以多出点面粉，少出点麸皮。在细粮较少的情况下，这对于农民来说很重要。联产承包责任制后，粮食产量有了很大提高，于庄村民的粮食消费结构中，以小麦等细粮为主。村民不太在乎用小麦加工成面粉的数量，而更在乎的是面粉的质量，所以，用小麦换面粉的人家比较多。从 90 年代中期开始，于庄的水污染使于庄人认识到粮食的质量问题，他们怀疑用小麦换回的面粉是否是别人用污染的水灌溉生产的小麦加工成的面粉。于是很多人家开始用自己家生产的小麦加工成面粉。

环境的恶化、水质的污染也是外来人口考虑的问题。但对于他们来说，首要的问题是如何获得较多的收入，如何为孩子的发展尽量提供较好的环境和条件。于庄以外的村庄也存在着不同程度的水质污染的问题，但由于村里的经济实力不行，村民仍然饮用浅井水。于庄的水质受到了污染，但于庄投资几十万元打的深水井在一定程度上解决了居民的饮水问题。所以，于庄的环境对于农民来说还是有吸引力的。

由于于庄的环境问题向外移民的主要是有经济实力的和在外面混得好的人。经济条件好和社会关系通达的村民，把自己没有考上学的子女安排到县城或其他城市上班。村里在外地工作的人也想办法把自己的亲属安排到外地去工作。在于庄企业工作的技术人员，由于受到环境的影响，想把家属迁到于庄的也放弃了这个打算。他们只想在于庄干一段时间后就离开。

于庄的自来水是免费供应的，对于外来人口的用水实行收费制。但是对于村民的免费供水出现了很多问题。首先是水的浪费严重，自来水成了长流水。还有很多人家用自来水浇种在自己院子里的蔬菜。更有趣的是有的人家的水龙头坏了，宁可让水白白地流掉，也不及时地更换水龙头。自来水的浪费造成于庄的自来水供水系统常常处于超负荷工作的状态。即使这样超负荷工作也有部分村民的自来水管常常断流。村里决定给每家每户免费安一块水表，然后按水表收费，结果遭到多数村民的抵制。听说要收水费，多数村民决定重新使用手压井。在他们的观念中，水是不应该收费的。既然用水要收费，那就干脆用不花钱的手压井里的水。尽管水质有点问题，但还能喝，最起码现在喝不死人。最后村里决定不安水表了，给村民还是免费送水，但为了保证每家每户都能用上自来水，不至于出现断流的现象。村里实行按区域分时段送水，每天送水至少2个小时。如果谁家有特殊需要用水的，向村里提出申请，由村里协商解决。

第四节　于庄的噪音污染问题

一、机动车辆产生的噪音污染

于庄的噪音污染问题缘起于于庄乡镇企业的发展。于庄村民对噪音污染的反应也是随着企业的发展而不断增强的。在一个逐步走向工业化和城镇化的农业村落，农民们对环境污染的概念还是比较模糊的。随着现代社会的发展，人们法制意识的增强，开始对噪音的污染提出自己的要求。但在一个长期以农耕为主的乡土社会里，在一个期盼着现代化的农村社会里，噪音的出现曾经是农村开始走向工业化的端倪，噪音曾给习惯于安静的田园生活的农民带来了希望。

于庄的噪音污染肇始于通行在陵宁公路上的机动车辆。贯穿于庄的陵宁公路是建国后修建的一条土质公路，公路的两旁是于庄村民的住房。在机动车辆少的时候，尤其是夜间机动车辆少的时候，对两旁居民的影响不大。1982年的夏初季节，陵宁公路翻修成柏油路面。翻修成柏油路面后，在于庄通行的机动车辆增多。通行的机动车数量的增多与路面的翻修有关系，也与80年代以后机动车数量的增加有很大的关系。1993年春夏季节的时候，陵宁公路路基在原来的基础上加宽，路面再次翻修成更高等级的柏油路面。陵宁公路的扩建翻修增加了车流量，夜间的车流量相应地增加了许多。公路两旁居民的夜间休息都不同程度地受到影响。年轻人问题还不是很大，年龄大的人觉得夜间休息受到很大影响。于庄的街区改造后，陵宁公路于庄路段的路面等级和公路的宽度都较以前有很大的提高。于庄城镇化的推进和乡镇企业的发展使于庄的经济活力增强，机动车的流量进一步增加。机动车流量的增加也进一步带动了于庄经济，特别是带动了于庄餐饮服务和物流业的发展。沿街盖起了楼房的人家，让老人住在离公路较远的老宅院里，年轻人住在楼房里。也有的老年人已经习惯于夜间车辆的噪音，和年轻人一块住在新楼房里。

村里解决这个问题的方法是，在进村的南北两个入口处各垒了一个限制车辆进出数量的垛口，每次只允许一辆车进出。在垛口的两侧各有一个荧光的标牌，上面有夜间禁止鸣笛和时速限制的标志。在于庄的街道上隔不远的距离就有起限制时速作用的路障，这些措施既保障了车辆在于庄街区的行驶安全，又减少了车辆行驶所产生的噪音。随着于庄商业的繁荣，有些商家进货的货车常常在夜间到达，装卸货的噪音有时在夜间特别大，村委会发出通知，要求各商家尽量要在白天装卸货物，以免引起邻里之间的纠纷和矛盾。

二、于庄企业的噪音污染

1979年于庄建立了第一个村办企业——电动磨房。电动磨房的规模不是很大，但是电动磨房白天黑夜都工作。由于当时电力紧张，电动磨房的电力供应时断时续，而且经常是白天给电的时候少，夜间给电的时候多。所以，电动磨房的工作时间以夜间的工作时间居多。当时电动磨房建立的时候，选在原来的大车店的旧址。大车店就在陵宁公路的东侧路旁，交通便利。由于机动车辆的增加，到大车店停车住宿和喂牲畜的业务量越来越少。大车店属于村里的公共资产，土坯的房屋已经破旧，需要修整。村里决定扒掉大车店，在原来的基础上盖起了三间砖瓦房和一间面积较小的东偏房。偏房是加工饲料的车间，三间正房是加工玉米、小麦等粮食的车间。电动磨房的西面是陵宁公路，东、南、北面都是住户。

电动磨房的运作对周围住户有影响。夜间电动磨房工作的时候，机器的噪音影响周围几户人家睡不好觉，尤其是电动磨房开工的头一个月左右的时间，周围住户还不太习惯这种噪音。于庄的村民习惯于夜间的安静，机器的噪音在安静的夜晚容易被传得很远。对小孩子的影响不是很大，他们一会儿就睡着，对老年人的影响较大，他们被这噪音搞得整夜睡不着觉。他们没有抱怨什么，尽管电动磨房周围的几户人家的老人也向别人诉说机器的噪音如何影响他们睡不着觉，但没有人向村干部提出什么要求解决噪音的问题。在他们的抱怨中也包含着一丝喜悦，自己村里的电动磨房最起码首先方便了自己，再也不用为加工点粮食和饲料跑到外村排队去了。自己家的亲戚来于庄加工粮食和饲料的，如果排不上号的也会请于庄的亲戚帮忙。因为自己村里有了电动磨房，给于庄人带来的是方便和能给亲戚帮忙的自豪感。

电动磨房因为加工粮食的缘故招引了很多老鼠，老鼠的泛滥也影响了磨房周围的人家。他们觉得家里的老鼠明显地比以前多了。电动磨房在治理鼠害方面采取了以下措施：每天彻底打扫磨房里残留的粮食残渣，磨坊的几个工作人员每天都轮流打扫，打扫的粮食残渣自己带回家喂牲畜和家禽。这样既可以有效地防止鼠害，每个工作人员又增加了一份额外的收入。磨房里放养了两只猫，磨房周围的人家原来没有养猫的也都养起了猫。

于庄的榨油厂建在于庄村南面的苇子地里。苇子地在陵宁公路的东侧，过去一直种苇草，因为建一个榨油厂需要的场地比较大，在村子里找不出这么大的地方建厂。苇子地属于于庄的公地，在这里建厂不会涉及到和村民个人的任何利益关系。于庄的榨油厂建成后，对于庄的村民没有产生噪音污染方面的影响。因为榨油厂的机器噪音小，而且榨油厂距离村民的住房较远，所以对村民的影响不大。榨油厂建立后，为了解决电的问题，村里买了一台135千瓦的发电机，用来补充用电。于庄人把自己的"发电厂"建在电动磨坊和榨油厂之间的一个地方。村里之所以把"发电厂"建在这么个地方是考虑了各种因素，主要是从投资的成本方面考虑，并参考了技术人员的建议。发电机工作的时候发出的噪音比电动磨房里的机器工作时发出的噪音要大，有人说于庄的发电机一响，三里地之外都能听到。"发电厂"的周围都是住户，发动机工作时对周围住户的影响很大。周围住户的房子大都是土坯结构的，发电机工作时发出的噪音和机械震动直接对最近的几家住户的房子产生破坏性的影响。有一个老太太说，发电机一响，她家的房子跟着颤，她担心说不定哪一天她家的房子会被发电机给震倒。夜里发电机工作时的噪音影响到周围住户老年人的睡眠。尽管他们因为发电机的噪音而受到影响，但他们也有一种喜悦和骄傲。因为在全乡还有部分村庄没有通电的情况下，于庄人能够享受白天黑夜都有电的待遇。

于庄的"发电厂"开工后，于庄的领导人们已经意识到发电机噪音对周边住户的影响。尽管周边的村民没有向村里强烈地反映这个问题，村里觉得应该给这些"受灾户"一定的补偿。于庄解决这个问题的方法是免收和发电机房直接搭界的几户人家的电费。承诺如果这些住户觉得噪音影响太大想搬迁的话，村里给规划宅基地，并给以适当的经济补偿。这些住户对村里的解决方案很满意，尽管机器的噪音确实还在影响着他们，但他们渐渐地适应了这种环境。机器有节奏的轰鸣声使他们感触到了工业化在于庄的脚步声，在他们的心目中，工业化意味着走向富裕摆脱贫穷，意味着农村人也要过上城里人的生活。1986年的时候，由于电力供应充足，没有必要自己发电了，于庄就把发电机处理掉了。于庄的一个噪音污染源消失了。

1987年7月份，于庄建成投产了一个有16台织机的织布厂。织布厂建在于庄村南面的苇子地里，紧邻榨油厂。织布厂的生产规模在不断地扩大，1988年又增添了42台织布机，1989年又增添了34台织布机，盖起了5栋锯齿厂房，上了锅炉，打了深井，实现了整经、浆纱、织布一条龙生产。1994年投资468万元上了一条印染生产线，成立了德州明星纺织印染厂。1999年新上了15000纱锭的纺纱厂，成立了颜春集团。

于庄纺织企业生产规模从小到大的发展历程，也是机器设备不断增加，工人人数不断增加的过程。于庄纺织企业规模的扩大，涉及到本村居民的住房拆迁问题。村里的规划是工业区向村南发展，拆迁的住户的宅基地安排在村北部。由于陵宁公路经过于庄的地段是于庄商业比较繁荣的地段，所以，拆迁户都要求安排在沿陵宁公路的两侧。村里要求安排在陵宁公路两侧的住户必须建二层小楼，村里按住房的拆迁面积给一定的补偿。

于庄织布厂在生产过程中产生的噪音影响着织布厂北面的住户。尽管织布厂在不断扩建的过程中拆迁了周围的一些住户，但随着织布厂规模的扩大，生产中产生的噪音也越来越大，挨近织布厂的住户在夜间仍然受到较大影响。也是受先前拆迁户的影响，这些住户也向村里反映织布厂的噪音如何影响他们的生活和休息，要求村里也组织他们的房屋拆迁。他们确实受到噪音的影响，但潜在的动机是想在沿街区的地方获得一块宅基地。因为随着于庄城镇化进程的推进，沿街区的房子的商业价值越来越大，沿街区的宅基地越来越紧张。这一点是于庄人都能看到的。

在汉尼根所撰写的《环境社会学》一书的导论中，汉尼根指出，公众对于环境状况的关心并不直接与环境的客观状况相关，而且，公众对于环境的关心程度在不同时期并不一定一致。事实上，环境问题并不能"物化"自身，它们必须经由个人或组织的"建构"。被认为是令人担心且必须采取行动加以应付的情况时才构成问题。他认为，针对某一环境问题采取行动必须有可见的经济刺激。①

一开始的时候有一两户人家向村里提出要求，村里对他们的要求进行了认真的研究，觉得如果满足了这一两户人家的要求，其他几户人家就不好处理了。再者，他们的动机旨在沿街区的地方划一块宅基地。村里给的答复是村里会对他们的损失给予一定的补偿，但不考虑拆迁的事情。后来，这几户人家又联合了几户直接挨近织布厂的人家联合起来向村里提出要求。村里觉得这个问题涉及的人家越来越多，单纯靠缺乏标准和依据的谈判是不行的。村支书出面请县环保局的技术人员对紧挨织布厂的几户人家的噪音污染进行了监测。根据国家颁布的噪音污染的等级标准，对受噪音污染严重的几户人家，村里组织了房屋拆迁，在沿街区的地方重新规划了宅基地。对受噪音轻度污染的人家，村里根据国家的有关规定给予了适当的经济补偿。在噪音污染严重的区域，村里规划了一块噪音隔离带，种上了草皮和树木。划出一块地方专门安排了商业点。

于庄村界内的乡里办的企业都集中在于庄的西南部，在于庄村办企业的南面，陵宁公路的路西面。于庄的村办企业都集中在陵宁公路的路东。由于乡里办的企业和于庄村民的居住点距离较远，所以，在噪音污染方面没有直接影响到于庄的村民。在于庄村界内的乡办企业对水环境也没有造成太大的污染。于庄的私人企业和乡办企业比邻，都集中在于庄的西南部的工业园区。那些企业也在不断发展，规模也在扩大。

第五节　于庄城镇化中的"线性"发展问题

一、于庄街区规划和房屋改造中的宅基地问题

于庄的城镇化出现了"线性"发展的问题。近似方圆形的村落渐渐地成了以陵宁公路为轴心的长条形。利益机制的主导是导致于庄城镇化"线性"发展的主要原因。于庄城镇化的外在标志是于庄街区规划和房屋改造。贯穿于

---

① John A. Hannigan: *Enviromental Sociology——A Social Constructionist Perspective*. New York, Routledge, 1997.

庄的陵宁公路的加宽和翻修使于庄沿街的房屋在公路规划范围内的部分被拆除，大部分沿街人家的房屋被拆除一间或两间。村里不允许被拆的房屋在原来的基础上盖新房子，如果要在原来的地方盖楼房的话，地基太小盖不开，还涉及到邻里之间的关系。被拆除房子后面的人家都想向前扩，被拆除房屋的人家都想向后扩。因为被拆除的房屋都处在于庄村子中心位置，是于庄的黄金地段。所以，在这个问题上村里不好处理。就把被拆除的房屋宅基地归村里统一规划。为了街区的美观，村里只允许这些房子做些简单修补。村里在沿陵宁公路的两旁重新安排了宅基地以补偿被拆除的房屋。对于拆除的房屋，村里也按实际被拆除的房屋的实际面积给以经济补偿。沿陵宁公路被拆除的房屋所占的宅基地由村里统一规划。凡是沿街区的房子都必须翻建成楼房，新补偿的宅基地也必须盖二层楼房，如果一年之内没有盖楼房的由村里再统一规划给需要盖楼房的人家。

二、于庄房屋搬迁中的规划

随着于庄村办企业的发展，于庄居民因企业扩建和噪音污染而出现了由村里统一组织的房屋搬迁。尽管村办企业的发展对整个于庄都是件有利的事情，但在涉及到房屋搬迁的问题上，村里还是出面做了些工作，尤其是老年人的工作。老年人总有种怀旧情结，不愿离开自己居住多年的老房屋。年轻人倒比较喜欢建新房子，尤其是沿街区建新的楼房。但在于庄，涉及到房屋搬迁这样的大事情还是老年人有更多的决定权。村里觉得在房屋搬迁这件事情上，有点欠被搬迁户的人情的感觉。所以，在安排新的宅基地的时候，除了给予经济上的适当补偿外，还尽量满足被拆迁户的要求。陵宁公路两旁是于庄村民的首选之地。

于庄的"发电厂"建成后，机器工作的时候会产生很多噪音，影响居民的休息。尽管居民没有向村里提出什么要求，但村里还是答应如果他们想搬迁的话，村里会安排新的宅基地。于庄被发电机噪音影响的村民的房子拆迁后，宅基地被安排在沿陵宁公路的两旁。因为发电机的影响搬迁的就是 3 户人家，他们修建的都是砖瓦的平房。后来于庄织布厂的扩建涉及到的被拆迁户人数多了起来，房屋被拆除的人家，宅基地也被安排在陵宁公路的两旁。随着于庄织布厂生产规模的扩大，于庄织布厂的噪音问题引起了附近居民的强烈反应。当然，在噪音污染要求搬迁的背后更主要的是利益问题。在沿陵宁路两旁宅基地越来越紧张的情况下，村里还是有条件地组织了部分居民的搬迁。因织布厂的噪音污染拆迁房屋的新宅基地也被安排在陵宁路的两旁。陵宁公路是于庄商业店铺比较集中的地段，是于庄的商业黄金地段。于庄人都乐意在公路两旁建楼房，在公路两旁建的楼房容易出租而且租金价位相对也高。就是自己做生意也是比较好的位置。

三、于庄的房地产市场

交换是个人间或一些人之间，他们的物品或劳务在某种等价的基础上，相互转换的过程（费孝通，2001：204），它给人提供各种各样的社会联结。除了村庄的对外交换活动，传统人类学主要关注的还有村庄内部的交换行为，并指出此类交换依循的是对等性的互惠原则，即互惠性依人际关系的远近、亲疏而逐渐递减。最后所形成的基本结论是，亲属或熟人之间交换的是义务或礼物，非亲属或生人之间才交换市场。[①]

随着于庄乡镇企业的发展和城镇化的推进，于庄房地产的价格在不断地升高。相应地，房屋租金的价格也在升高。于庄的宅基地处于一种紧俏的状态。在城镇化前，于庄偶尔也有房屋转让和买卖的现象。在县城或在外地工作的于庄人，家属和孩子在于庄生活，一旦在县城或外地混得好了，买了房子，全家搬迁出于庄，然后把家里的房子处理掉。在于庄处理房子有个不成文的规矩，就是在决定处理房子的时候，先把自己一个院的各家的当家人召集起来说明情况。在于庄一个院是指没有出五服的人家。把房子的价格说一下，问问本院的人家有没有要买的。如果本院有一个要的，那就让这家要的人家买。如果本院有两个以上的人家要这所房子，那就根据血缘关系的远近来确定卖给谁，先卖给血缘关系近的，如果血缘关系近的那家人不要的话，再卖给血缘关系较远的人家。如果本院没有人家要买的，那可以卖给街坊邻居。如果没有经过本院人家的同意，擅自卖给外人，那是会影响关系的，会遭到一个院的人家的抵制和反对，外人也不敢买。房子实际成交的时候都要根据情况在价格上让点钱。外村人没有在于庄买房子的，也没有在于庄租房子住的。

1994 年于庄的街区规划和房屋改造开始后，于庄村庄内部的房地产市场开始形成。为了加快城镇化景观建设的速度，村里规定，如果新补偿的宅基地在一年内没有盖起楼房，村里有权把这块宅基地安排给其他村民盖楼。在这种

---

① 参见阎云翔. 礼物的流动——一个中国村庄中的互惠原则与社会网络（李放春、刘瑜译）. 上海：上海人民出版社，2000.

情况下，没有能力盖楼的，或者不想盖楼的，例如有的人家子女都在外地上班，工作不错，家里只剩下老两口的，就把宅基地转让给别人，转让宅基地也是按照"差序格局"的原则，由近到远。"差序格局"本身就是由血缘关系决定着的利益关系。即相同的关系圈便是相同的利益圈，圈子近的利益就密切，义务或礼物性的交换就频繁，对等性质的也就少些（费孝通，2001：205）。对于村民来说，最明智的选择是维持、利用，而不是打破、取代"差序格局"。因为讲究宗法宗亲是中国人的传统，这是乡性，与生俱来的东西，是一个人的立足之本。一个村庄的市场就那么大，社会圈子就那么宽，如果只顾自己的利益，连最起码的亲情人情都不顾，就会被排除在社区之外。血缘或姻缘关系是一个人最牢固的社会资本。转让宅基地要收取一定的转让费，村里对宅基地的转让原则上不干涉，只要到村里说一下转让给谁家就可以了。随着沿陵宁公路宅基地安排的紧张程度，宅基地转让费越来越高。宅基地转让费的增高也引起了房租价格的升高。

于庄乡镇企业的发展和城镇化的推进，提供了较多的非农就业机会。于庄的姑娘结婚后全家搬到于庄居住的人越来越多。从1994开始到2005年，有23家的姑娘结婚后又搬到于庄居住。这些姑娘原本就在于庄的村办企业里做工，不想嫁到外村去，但又不能在本村找婆家，因为于庄都是一个姓，六百年前是一个祖宗，到现在为止，仍然存在着村庄内部通婚的禁忌。她们在结婚前向婆家提出一个要求，结婚后搬到于庄住。和倒插门的招婿不同，结婚后生了孩子仍然随父姓。一般情况下，婆家也乐意儿子和媳妇搬到于庄住，因为于庄的经济发展比周围的村庄经济发展好，做工的机会多。男的可以在于庄的村办企业里做工，或者自己在街上做生意，或者开出租车。孩子可以在于庄上幼儿园和小学。在于集乡，于庄的教育水平是最高的。

嫁出去的姑娘又回村居住的，村里给以优惠的条件。无论是孩子上学，还是丈夫在企业做工或者做生意，都享受于庄村民的待遇。家里的宅基地也可以让女儿盖房子，嫁出去女儿的承包地村里不收回，但村里不给女儿的丈夫和孩子承包地。嫁出去的姑娘回流的现象，引起了于庄房屋的相对紧张。沿陵宁公路分得了宅基地的人家，如果儿子不盖楼房的话，女儿就盖楼房。

盖起了楼房的人家，空闲的平房也开始向外出租。租房的主要是在于庄做生意的，或于庄嫁出去的女儿又回于庄居住的。但是相对于实际的租出量，还有大量的平房闲置着。

于庄城镇化进程中的"线性"发展，造成的明显问题是，新建房屋向沿街区两侧集中，离街区较远的部分老旧房屋出现闲置。闲置房屋的人家是在沿街区的两侧盖起了楼房的人家，也有因搬到县城而闲置的。闲置房屋的宅基地使用权仍然归房屋的主人，闲置的房屋有出租给在于庄做生意的人，也有卖给人家的。在于庄买房的主要是嫁出去又回来居住的姑娘们。外来人口没有在于庄买房的。在他们的观念中，于庄尽管正在走向城镇化，但于庄毕竟还是一个带有明显家族主义色彩的村落社会。在于庄买房就意味着在于庄长期定居。在于庄的外来人口还没有形成规模的时候，相应的社会化服务设施也不会完善，作为一个外来户在逢年过节的时候就会显出孤独。外来人口租沿街区的楼房，这样既方便做生意，也方便生活。在于庄的沿街区房屋相对紧张的同时，远离街区的房屋出现了闲置。

四、于庄城镇化进程中的土地问题

于庄每家宅院的占地面积大约在 0.3~0.4 亩之间，新规划的宅基地也是按照这个标准。闲置房屋的院落荒芜的较多，只是堆积些不值钱的杂物。手脚勤快的人家在院落里种些蔬菜、瓜果。于庄的居民舍不得放弃闲置的房屋，在他们的观念中，于庄的房屋和宅基地还是要升值的。

于庄的耕地分为两部分，一部分是集体的公共用地，一部分是承包地。于庄村办企业的建设用地占用的就是于庄的公共用地，还有在于庄的乡办企业和私人企业占用的基本上都是于庄的公共用地。于庄的公共用地绝大部分都是不宜于农耕的土地，承包给村民的都是过去在生产队时期延续下来的耕地。在于庄的街区规划中，规划了两纵四横的街道，除了陵宁公路两旁是耕地外，其他的一纵四横的街道都是过去的传统街道，街区规划涉及到的是沿街居民房屋的改造和拆迁问题。于庄的城镇化发展的空间是沿陵宁公路向南北方向发展。陵宁公路穿越于庄的路段是于庄的主街道。在于庄界内的陵宁公路大约有 2 公里左右，在街区规划前，陵宁公路的左右两旁有 1/4 的路段是居民的住房，3/4 的路段两旁是村民的承包地。从 1993~1994 年陵宁公路加宽翻修和街区规划以来，陵宁公路两旁的耕地都安排成了宅基地，盖起了楼房。公路加宽和宅基地共占用了 150 多亩耕地。被占用的承包地，村里也没有可以调整的耕地。村里按照承包期进行了测算，给予一定的经济补偿。暂时仍然执行"减人不减地，增人不增地"的原则，等到承包地调整的时候再按照每家每户的实际人口数发包责任田。因为在于庄村民种地不缴集资提留款，农业税由村里统一代缴（中央减免农民农业税之前，于庄就执行这样的村庄内部政策），在于庄有承包地实际上是一种福利。农民只负担种地的实际成本，去除成本之外的全部受益都归农民自己所有。

随着于庄乡镇企业的发展和城镇化的推进，于庄耕地日益减少。同时，闲置房屋也不能有效地转化为耕地。人口的增多和工商企业的发展加大了土地的承载力。下面的表格统计了自1994年到2005年于庄耕地占用和房屋闲置的情况。

表4—8　1994年~2005年于庄耕地占用和房屋闲置情况

年份	耕地占用	占用原因	房屋闲置	闲置原因	闲置房屋利用情况
1994	36亩	公路加宽、建楼房	5处宅院16间房屋	搬迁到县城1户，因建楼房闲置4户	租出1处宅院4间房屋
2000	64亩	陵宁公路两侧建楼房	8处宅院26间房屋	搬迁到县城2户，因建楼房闲置6户	租出3处宅院11间房屋
2005	50亩	陵宁公路两侧建楼房	11处宅院35间房屋	搬迁到县城1户，建楼房闲置10户	卖出2处8间，租出3处10间
总计	150亩		24处宅院77间房屋大约10亩	因搬迁到村外闲置4处，因建楼房闲置20处	租出7处25间，卖出3处10间

资料来源：根据于庄村委会的统计资料整理。

93

第五章

围绕城镇化与环境问题发生的组织与个人

　　用社会学的方法研究农村城镇化与环境问题，可以通过考察社会行动者及其社会行动来揭示农村城镇化与环境问题的社会成因。沿着"国家—社会"的理论分析框架，所涉及到的社会行动者分为县以上国家政权、县乡两级政权、村级组织及村干部、村民和外来人员。

第一节　政府及其职能部门

一、政府及其职能部门的行动特点

　　县以上政权是指中央、省级、省辖市三级国家政权。县以上国家政权与村落社区的关联度比较间接，比较模糊。县以上国家政权主要是通过法律和政策的导向规范作用与村落社区发生间接的联系。为了社会的稳定与发展，国家必须通过自己的职能聚集财力，增强对农村社会的控制。县以上国家政权通过社会资源的供给和汲取对村庄发生着经济方面的影响。但县以上国家政权是通过县乡基层政权对农村社会发生影响，因此，国家的法律和政策经过基层政权自身利益的过滤才最终作用于农村社会。在国家政治层面，县以上国家政权与县的关系是命令—服从关系，而与乡村社会的关系则是法制—遵守的关系。乡镇政府成为直接面对农民的基层政权机构。乡镇政府在国家实行各级政府财政包干后，已成为了依赖于国家而又具有独立于国家利益的社会行动者。[①]

　　县乡两级政权组织对村落社区实施社会行动的一个明显特点是履行职能与获取利益集于一体。县乡政府及其职能部门在履行职能的过程中，作为一个利

　　[①]　徐勇. 村干部的双重角色：代理人与当家人. 见：徐勇自选集. 武汉：华中理工大学出版社，1999，275～288.

益主体的特点非常明显。县乡政府及其职能部门自身利益的获取是通过履行职能实现的。县乡政权组织及其职能部门不仅仅是履行行政职能，也是具有自身利益的"经济人"组织。在履行行政职能和获取自身利益的博弈中，力求寻找一个均衡点。结果在实际的运作过程中，这个均衡点总是偏向自身利益的一方。只是这种利益追求往往为权力的公共形式所掩盖。

在国家权力从村级组织退出后，乡镇政府便成为国家最基层的政权组织，国家的各项方针政策最终都要通过乡镇政府加以贯彻落实。为了执行上级政府下达的目标和任务，乡镇政府对村级组织的权力干预在所难免。有学者在深入调查的基础上指出，"乡村基层政权的性质并不如它的名称一般可以被视为国家设在基层整体组织的一部分……基层政权的所为远远超出了它的名分之外，它并非代表国家、依据国家的规则管理乡村生产资源，而是发展出自己的规则；……是一个具有官方身份（兼服务于国家的部分目标）、同时又具有自己政治经济利益的组织。这些利益同国家及村民利益相互区别甚至是竞争性的，久而久之，在利益的结构方面，形成一个离间于国家和社会的特别集团群体。……基层政权通过控制（集体）财产权利，通过实施自己的专门规范，通过建立自己的相互支持网络，巩固并强化了以自己为中心的基层秩序，同时，它通过形式化国家所有权和抑制村民参与的实践，保持了相对自主的空间，将国家或村民的影响降到最低限度。"[1] 有的学者认为，作为农村基层政权主体的乡镇人民政府虽然是国家政权的基层组织，但并不仅仅代表国家的利益；它虽然是辖区的行政权力机关，但并非本社区社会利益的不折不扣的执行人，更不是豪强势力与国家之间利益冲突的中介。相当数量的乡镇权力组织行为既远离了乡民的利益，同时也远离了国家的利益，很大程度上是一个以自我权力扩张为后盾，动员辖区内的资源，为机关工作人员，尤其是权力核心成员谋取经济利益和政治利益最大化的相对独立的行动者。乡镇政府的这种自我权力扩张和自我利益膨胀倾向，不仅成为加重农民负担的根本因素，而且阻断了中央或上级政府的政令，降低了国家支持农民的政策效益。[2]

二、政府推动农村工业化和城镇化过程中发生的环境问题

杜赞奇的研究表明，华北基层政权是在国家政权向下扩展的过程中逐步建

---

① 张静. 基层政权—乡村制度诸问题. 杭州：浙江人民出版社，2000，288.
② 参见楚成亚. 乡（镇）政府自我利益的扩张与矫治. 当代世界社会主义问题，2000，(2)：10~14.

立起来的。同时这种政权的建立过程，往往又是与国家经济建设的目标联系在一起的。① 中国共产党的十一届三中全会确立了以经济建设为中心的社会发展战略，政府的工作重心转移到经济建设上来。在中国这样一个人口众多的农业大国，在农业的比较效益低于工业，农民的生活水平普遍低于城镇居民生活水平的时期，推动农村工业化和城镇化成为政府发展农村社会经济的政策导向。

社会经济发展是可持续发展的重要领域，其内在逻辑是社会经济结构与效益之间的不断对应变换。H·钱纳里等人将发展中国家的结构转换定义为：随着人均收入增长而发生的需求、贸易、生产和要素使用结构的全面变化过程。并指出，发展中国家由于初始社会经济结构层次低，由此而延缓了中期结构的形成，造成结构转换过程的受阻。由此可知，发展中国家在发展初期或中期人均收入等增长缓慢是因为结构转换受阻所致。造成结构转换受阻的关键是由于城乡差距大，人口增长快，使剩余劳动力大量被积累在落后的农业部门，农业边际劳动生产率极低甚至为负，而城乡二元社会经济结构更强化了这一趋势，从而使农村社会经济发展受到了严重制约。因此，中国农村工业化承载着缓解就业压力、增加农民收入、构建和谐社会、建设社会主义新农村等诸多期盼。农村工业化实质上就是通过兴办乡镇企业转移农村剩余劳动力，加速农村剩余劳动力向非农产业转移。

中国的工业化经历了一个由国家主导的重工业化向市场主导的农村工业化的发展过程。中国农村工业化的组织载体是乡镇企业，这是中国独有的一种企业类型。在传统农业和现代工业夹缝中生存的乡镇企业是中国工业化的新生长点，是国家工业化的继起。农村工业化显著地加快了整个国家的工业化进程。与其说乡镇企业是中国农民的伟大创造，不如说是对过去集中的工业化政策和城乡分治导致的贻误城市化后果的反弹产物。以乡镇企业为组织载体的农村工业化的发展推动了农村城镇化，城镇化为农村工业化的进一步发展提供了广阔的空间形式。根据"增长极理论"，城镇化的意义在于为农村区域发展培养了"增长极"。

门德尔斯等人研究了工业革命发生前西欧农村社会经济的变化，发现其在工业化前有一个农村原始工业化的阶段，这是一种以传统方式组织又面向市场的、以农村为主的快速工业增长阶段。中国在农村剩余劳动力完成非农化转移

---

① Duara, Prasenjit, 1988, *Culture, Power, and the State: Rural North China*, 1900～1942, Stanford University Press Pp261～281.

之前，一种类似西欧原始工业化阶段的农村工业化阶段是必要的。在国家加速工业化的政策导向中，以乡镇企业为组织载体的农村工业化是低技术生产的大规模扩张，也是传统落后工业生产方式的一次大扩散。

中国的乡镇企业是在"三就地"原则的指导下发展起来的，这种以低技术生产为主的农村工业化造成了严重后果。首先是土地资源的严重浪费。据计算，乡村工业增加一个就业机会，就需占地约 1.58 亩。从 1979 年~1986 年，中国乡镇企业占用耕地已达 667 万公顷，超过了国家 30 多年的建设用地。其次是加剧了环境污染。据有关部门测算，三废排放量，农村已占 20%，其中乡镇企业占 14% 左右。农村工业所造成的污染已使中国 167 万公顷耕地的土壤遭到严重破坏。乡镇工业企业产生的污染在农村地区造成很多环境公害，"一个厂污染一条河，一个烟囱污染一片天"的现象在很多地方都存在。"70年代淘米洗菜，80 年代水质变坏，90 年代成为灾害"。乡镇企业利用了农村地区的外部收益而却可以不付出相应的成本。乡镇企业的发展是以牺牲环境为代价的，是以牺牲生态环境效益来换取暂时的经济效益的。

发展经济是社会的需要，发展乡镇企业和推进农村城镇化是基层政府培养财政资源的重要途径，在发展乡镇企业，推进农村城镇化的过程中，必然会出现将阶段性与根本性、工具理性与价值理性对立起来的做法，造成经济效益与生态效益的严重失衡，使环境问题越来越严重。政府官员缺乏环境和资源保护意识，短期行为严重，各级官员的考核重经济轻环保。在推进工业化、城镇化和保护资源环境生态之间产生了日益尖锐的矛盾。

我国生态环境保护一直强调以行政为主导，政府起决定作用。在计划经济体制下，环保行政主导被解释为统一计划、集中管理。在社会主义市场经济条件下，它又被解释为经济靠市场，环保靠政府。这些行政部门和行政区划的第一职能不是保护生态环境资源，而是通过开发利用自然资源创新经济效益。农村城镇化建设中，由于地区利益、部门利益，在功利主义和急功近利的驱动下，相关地区和部门仅注重通过开发利用资源创造经济效益，而把保护生态环境的职责推向大社会。

农村城镇化建设以效率为绝对优先。一切以经济建设先行，其他的以后再慢慢考虑。于是忽略最多的，政府最无暇顾及的是环境。城镇化的迅速发展产生的环境污染问题常超过当地管理部门处理的能力，这导致许多地区持续不断的污染，使农地的生产力下降，降低水产品的质量。

我国农村环境管理的法制化建设已经取得了可喜的进步，但相对城市环境保护和工业污染防治而言，农村城镇化后，环境保护工作目前尚处于起步阶段，尚未建立起适应小城镇特点和环保工作实际需要的法律法规体系。尽管《环境保护法》早在 1979 年试行，并最终在 1989 年实行，但它并没有有效执行。环境污染在城市比在乡镇得到更好控制，许多农村企业未经任何处理排放污水，空气污染也日益严重。

大量的事实也表明，加速农村城镇化发展并不必然地导致城镇生态环境的恶化，只要坚持保护生态环境的基本国策和走可持续发展的路子，城镇生态环境非但不会遭到破坏和损失，反而会有助于城镇生态环境建设。"可持续发展"一词是在 1980 年的《世界自然保护大纲》中首次作为术语提出的。其概念可归纳为："人类在相当长一段时间内，在不破坏资源和环境承载能力的条件下，使自然—经济—社会的复合系统得到协调发展"。

三、于庄工业化和城镇化过程中的基层政府及其职能部门

（一）县乡基层政府

于集乡所有村庄中，于庄最具备推进城镇化的条件和基础。第一，于庄是乡党委政府驻地，集中了于集乡绝大多数的机关单位。乡党委政府机关、事业单位以及县直单位都在于庄，于集乡的乡镇企业大多数都在于庄村界内。第二，于庄的村办企业发展较早、较快，颜春纺织集团已经成为县里的龙头企业。村办企业的发展壮大了集体经济的力量，村里有经济实力进行村庄城镇景观的建设和改造。第三，于庄村民的职业结构由过去的以农为主转变为以工商为主、以农为辅。村民收入结构中，以货币收入和非农收入为主，村民有经济实力进行符合城镇化要求的楼房建设。第四，于庄是传统的集市所在地，是于庄商业活动的中心。于庄交通便利，连接两个县城的主要交通要道——陵宁公路穿村而过，以于庄为中心的村际间的公路网络也已经形成。

从以上情况看来，于庄是于集乡的政治、经济和商业中心，具备城镇化建设的基础和条件。因此，推动于庄的城镇化建设符合当地的实际情况，也是县乡基层政府的工作需要和利益所在。于庄的村办企业发展和城镇化都得到了上级政府部门和主要领导的支持。上级政府部门的支持主要是从资金和政策方面的支持。

1979 年于庄电动磨房的建立需要 5 万元的资金，支书于宏奎和支部成员商量筹集资金的问题。动员村民集资是不可能的，因为在 1979 年的时候，于

庄的经济情况也就是刚刚解决温饱，村民手里没有多余的钱。村干部们想办法集了点钱，但远远解决不了问题。于宏奎请求公社书记出面给农村信用社主任打声招呼，贷几万元钱建电动磨坊。公社书记出面帮助于庄得到了4.5万元的贷款，办起了电动磨坊。后来的榨油厂和织布厂，于庄也都通过乡、县领导的支持向银行争取到了贷款，解决了于庄企业发展的资金问题。

1993年贯穿于庄的陵宁公路加宽翻修。公路加宽涉及到临近公路的居民房屋拆迁。居民的房屋拆迁属于公路建设工程的一部分，房屋拆迁的补偿费用从公路建设资金中拨出，但需要村里对拆迁户安排宅基地。县长亲自找到于宏奎谈话，希望能借这次公路加宽的机会推进于庄城镇景观的建设。对于资金缺口问题，县里除了拨出专门的城建资金外，由银行贷款支援于庄的街区规划和房屋改造工程。县里要求城建、公安等相关的职能部门配合于庄的街区规划和房屋改造工作。在房屋拆迁问题上，村干部们最怵头的是"钉子户"。对于"钉子户"由县里和乡里出面做工作。县里要求于庄沿街区的房屋和沿街区新安排的宅基地要盖商居两用的二层楼房。

上级政策只能通过于庄的村干部做具体工作才能落实。于庄的干部对涉及到拆迁的居民挨家挨户地做动员工作。坚持"先盖新房，后搬家拆房"的原则，对于拆迁的房屋按国家的规定给予补助，建楼房的资金由自己筹集一部分，村里补贴一部分，由村里担保从银行贷一部分。由于村民都能看到潜在的商业价值，所以拆迁工作总体是顺利的。县乡政府承诺对于拆迁过程中出现的矛盾和纠纷由县、乡的司法机关从法律的层面上给以解决。但实际上在解决拆迁过程中出现的纠纷和矛盾的时候，村干部的威信和协调能力起了很大的作用。

案例一： 房屋拆迁过程中的一起事故。为了保证拆迁的速度和质量，于庄的房屋拆迁由村里统一组织进行。于汝河的家在陵宁公路的西侧，一共有三间土坯房子，临近公路的一侧有一间比正房矮一些的土坯的偏房，平时堆放些杂物，沿街的院墙是土坯的。村里的拆迁队把他家沿街的土院墙拆掉了，由于他家的偏房和沿街的院墙是连着的，院墙拆除后，偏房的牢固性就受到了影响。中午拆迁队的工作人员吃饭休息的时候，于汝河到那间偏房里去收拾一些还没有来得及收拾好的杂物。当他拉拽被压在建筑垃圾下面的一个编织袋的时候，那间已经不很牢固的偏房整个地倒掉了。正在屋里做饭的老太太听到响声后跑出来一看偏房倒了，就大喊着叫人来救助。邻居家的人过来后，把压在老人身上的木头、瓦片等清理后，老人立即被送到了县医院。尽管老人的生命暂时没有出现危险，但老人的伤势很严重，粉碎性骨折、内脏严重受伤，已经不能实施手术治疗。医院建议家属把老人带回家，因为在医院住院治疗已经没有什么价值。家属把老人带回家后，多方打听后从河北请了个用祖传秘方治疗骨折的大夫。但老人还是在受伤 10 天后去世。

老人的家属觉得这是在房屋拆迁过程中出现的事故。要求村里承担相应的责任。村里觉得这件事情如果处理不好，对于于庄的影响不好。无论怎样如果传出去说于庄的房屋拆迁出了人命，那就不好了。村里的领导向县里和乡里的领导分别汇报了这件事情的来龙去脉。县里和乡里的领导也觉得应该慎重处理好这件事情。县里和乡里的有关部门比照有关规定，给老人按工伤死亡的规定处理这件事情。报销老人住院治疗期间的一切费用，给老人的家属一定的赔偿。村里给老人买了寿衣和棺材，老人丧葬的费用由村里承担。鉴于老人的特殊情况，县里和乡里的民政部门不要求老人火化。

老人的家属对处理结果还是能接受的。他们觉得在这个事件中，自己的家人也是有过错的。这样处理，双方能够相互谅解。

——根据访谈资料二整理

案例二：争抢宅基地事件。于庄公路加宽涉及到于光阁家的房屋拆除。于光阁有五个侄子，其中四个侄子在沿街区的地方分得了宅基地。最小的侄子也想在沿街区的地方搞到一块宅基地，但是根据村里的规定他不够条件。于光阁的老伴是后续的，老伴和前夫有三个姑娘和一个儿子，三个姑娘都已经出嫁多年，儿子也在参军复员后到外村做了"地头趴"。于光阁是在老伴的前夫去世后到老伴的婆家做了"地头趴"，在老伴的婆家生活了十几年，生了两个儿子和一个姑娘，后来，于光阁带着三个未成年的子女回到于庄定居。过了几年，女儿出嫁了，两个儿子相继结婚。结婚后给每个儿子盖了一座房。不幸的是大儿子结婚后由于不能过正常的家庭生活而离婚，一直独身生活，后来经人介绍领养了一个小女孩。二儿子结婚后生了个男孩，由于二儿子生病死亡，妻子带着孩子嫁人了。这样于光阁一家三口人占着三处宅院。后来于光阁因病去世，只剩下于光阁的老伴和大儿子娘儿俩个占着三处宅院。于庄的公路加宽，于光阁临近公路的三间房子被拆除了两间。于光阁的老伴搬到二儿子空闲的宅院。村里作为补偿给他家划了块新宅基地，新宅基地离老宅基地不远，在公路的西侧。

根据于庄的规定，沿街区的宅基地必须盖二层楼房。如果在一年内不盖的，村里有权对该宅基地重新安排。于光阁的老伴和大儿子觉得自家没有盖楼房的必要。一是自己家有两处住宅，能住得开，二是自己家也没有经济能力来盖楼房。于光阁的老伴基本没有劳动能力了，大儿子的经济收入也不多，靠在于庄赶集的时候看自行车挣点钱。于庄每五天一个集市，每个集市收入好的时候能挣个 30 多元钱。领养的女儿读到初二就到村里的织布厂去上班了，每月 400 多元的收入。盖一座普通的二层楼房在 1995 年的时候也要 5~6 万元。

于光阁的老伴和大儿子合计着要把新宅基地转让出去，获得一笔转让费。于光阁最小的侄子想要在沿街的地方盖座楼房，可村里不能安排他的宅基地。他想要从别人那里通过转让的方式搞到一块宅基地。于光阁的大儿子和他的叔伯兄弟之间的关系不是很好，他不想把宅基地转让给自己的叔伯兄弟。尽管在于庄转让宅基地是个人的自由，但仍然要遵循费孝通所说的"差序格局"。违背了这种"差序格局"是会落得个众叛亲离的结果的。

有一天晚上，于光阁的五个侄子聚在一起商量着要把划给于光阁家的宅基地要过来给于光阁最小的侄子盖楼房。他们弟兄五个一块去于光阁大儿子家，逼迫于光阁的大儿子允许最小的侄子盖房。迫于如果不答应就会斥逐武力解决的威胁，于光阁的大儿子答应让他盖楼房。转让费的事情根本不提，他们只是说盖楼房也需要钱，等有钱以后再说。

于光阁的大儿子觉得事情办得窝囊，就和他的几个姊妹商量着怎么解决这件事情。他们觉得找村里的干部解决是最好的办法，乡里和县里不会解决这样的事情的。

于庄的领导找到于光阁的大儿子和他的叔伯弟兄们协调解决这件事情。最后的处理意见是这样的，于光阁的大儿子在自己不盖楼房的情况下，按照村里的风俗习惯应优先转让给自己的叔伯兄弟们，如果叔伯兄弟们都不盖，再考虑着转让给其他的人。他这样没有经过自家院里的人同意就想擅自转让给外人的做法让他的叔伯兄弟们很没有面子。村里也承认于光阁的侄子们做得太过分，不该对自己人这样做。责成于光阁最小的侄子给于光阁的大儿子适当的经济补偿。如果现在没有钱的话可以打个欠条，由村干部作证签字。

最后的处理结果是，于光阁要盖楼房的侄子给了于光阁的大儿子 2000 元的宅基地转让费，由村里的一个领导和院里两个老人作证人把钱交给了于光阁的大儿子。尽管这笔转让费比其他人家的宅基地转让费少了点，但双方还是都能接受的。于光阁的大儿子想到自己的母亲年岁已高，到用人的时候还是需要自己的叔伯弟兄们帮忙的。于光阁的几个女儿也劝自己的兄弟让一步算了。

——根据访谈资料三整理

从以上的两起事件可以看出，对于拆迁过程中出现的具体问题的处理并没有从法律层面解决，更多的是借助于村干部的威信和协调能力。国家并不直接管理乡村，而是通过地方精英——村干部管理着乡村事务。国家法律的运作也不是单纯地具有法律的独立性，而是有民间的习俗渗透于其中。① 国家权力对于乡村社会只是一种"象征性权力"。②

案例三：建筑垃圾处理。1993 年开始的公路加宽和街区规划、房屋改造使于庄的建筑垃圾成了一个难以解决的问题。1993 年前于庄的房屋翻修得不集中，再者，房屋以土坯房屋居多，建筑垃圾能够就地解决，没有成为公害。于庄在联产承包责任制后，农民收入增加，砖瓦房逐渐代替了过去的土坯房。沿街区的砖瓦房居多，土坯房较少。所以，街区规划和房屋改造产生的建筑垃圾在于庄村界内解决不了，介于县城和于庄之间的县里的垃圾处理厂只接收生活垃圾，不能接收大量的建筑垃圾。有人建议和周围村庄盖房需要垫地基的人家协商解决，把于庄的建筑垃圾用来充当垫地基的填料。在涉及到实际操作的问题上，在处理与各村之间的关系问题上于庄是缺乏权威性的。乡里出面召开各村支部和村委会领导人会议，由乡里协调解决这个问题就顺理成章了。

——根据访谈资料四整理

上面的事件说明，乡政府借助自己的行政职能支持了于庄的城镇化建设。通过乡政府出面协调处理于庄城镇化景观改造中产生的建筑垃圾，加快了于庄城镇化建设的进程，解决了单靠于庄自己的力量不能解决的问题。

（二）县城建局

街区规划和房屋改造对村民来说是件大事情，在这个问题上如果处理不好，会引起矛盾和纠纷。街区规划和房屋改造关涉到于庄今后的发展问题。于庄的村干部在怎么进行规划和楼房建造的标准问题上进行了讨论和研究。他们觉得如果村里拿出一个具体设计方案的话，既不能保证方案的科学性，又不能保证方案的公正性。具体的设计方案交由县城建局来完成比村干部们自己规划

---

① 赵旭东. 权力与公正—乡土社会的纠纷解决与权威多元. 天津：天津古籍出版社，2003，292~295.

② 象征性权力是法国社会学家布迪厄首先提出并习惯使用的一个分析性概念。他是这样界定的：象征性权力便是一种通过言说来构造事件的一种权力，一种让人看见和相信的权力，一种证实和改变世界观的权力，因而也是要对世界转而是对世界本身付诸行动，这是一种近乎魔术式的权力，借助动员这种独特的效果，这种权力可以使人获得与通过力量所获得的等价的东西。（Bourdieu, Pierre, 1991, Language and Symbolic Power. Ed by John B Thompson, London：Polity Press, Pp170）

有权威性。县城建局的专业技术人员根据于庄城镇建设规划的要求到于庄进行了实地测量，制定出详细的规划图纸。城建局的工程技术人员以整个县为背景对于庄的城镇化规划进行了设计，同时，也考虑到贯穿于庄的县际公路—陵宁公路的整体布局的问题。

贯穿于庄的陵宁公路在于庄是有点不规则的西南——东北的走向，总体偏斜角度为 15 度左右。沿公路两旁的村民的住房都是坐北向南，于庄人很忌讳住房的方向不正。在于庄的街区规划中，一个很重要的问题就是把以贯穿于庄南北的陵宁公路为基础的街区建设成为南北走向的，这样既符合于庄人的传统观念和审美情趣，又使于庄具有现代化的城镇景观得以凸显。

在街区规划的过程中，有两个优先考虑的因素，一个是尽量不拆迁于庄的乡镇企业厂房，因为这涉及的问题太多，成本太高。企业的拆迁会直接影响到企业的正常生产和新厂址的选定问题。一个是贯穿于庄的陵宁公路的走向和公路原有基础问题。贯穿于庄南北的主街区必须以陵宁公路为基础。沿街区的房屋建成二层的商居两用的楼房是参考了经济发达地区农村城镇化房屋改造的设计方案，还考虑到于庄村民的经济承受能力和楼房实际的用途。由县城建局设计的具体方案拿出来后，于庄就按照这套方案进行街区规划和房屋改造。

对于庄的村民来说，县里职能部门设计的方案是具有权威性的。如果说村里的领导是本村人，存在着关系的亲疏远近，在具体问题的处理上有偏有向，那么，县里职能部门的工作人员不在于庄居住，不涉及自身具体的利益问题，设计的方案是公正的。

案例：有村干部试图改变设计方案。于庄的村会计于振康父母亲的老房子在公路边上。根据县城建局的设计方案，于振康父母的四间土坯房子要被拆除三间，村里按规定给他父母在老宅子的北面公路边又安排了一处新宅基地。于振康父母的房子在于庄的中心位置，新安排的宅基地在村子的北边上，从地理位置和潜在的商业价值来说，老房子的位置比新安排的宅基地的位置好。如果把公路规划的图纸做些改动，加宽的公路向西拓展 5 米，从东面再缩进 5 米的话，于振康父母的老房子将被拆除一间半，还可以在老房子的基础上盖楼房。新的宅基地可以不要。但这样做的话，公路东边将有 5 户人家的房子被几乎全部拆除，必须到村子北边的新宅基地上去盖楼房。而他们都想力图保住原有的部分宅基地，尽量在原来的宅基地上盖楼房。于振康是于庄的村会计，由于工作上的原因和城建局的测量员小徐有一面之交。于振康试图说服小徐私自把设计图纸改动一下，这件事情不知怎么被于庄的其他人知道了，闹得整个村子沸沸扬扬的。于庄的支部书记为宏奎知道了这件事情后，就把会计于振康批评了一顿，并耐心做了工作说按原来的设计图纸执行，谁也不准私自改动一点。县城建局把小徐调回单位，又换了一位姓王的技术员来于庄工作。

——根据访谈资料五整理

从这个事件可以看出，于庄借助于作为政府职能部门的城建局在城镇规划方面的权威性保证了城镇化景观改造的有序进行。在处理个别人违背规划原则的事件时，村支部书记凭借个人威信所采取的带有乡土色彩的处理方式非常有效地平息了事件，保证了工作的顺利进行。

（三）县土地管理局

《中华人民共和国土地管理法》中第六十二条提出对农村村民宅基地实行"一户一宅"的规定。直到 2004 年 11 月 3 日国土资源部制定、下发《关于加强农村宅基地管理意见》之前，全国没有一个规范性文件。目前我国农村宅基地的产权制度缺少明确的法律保障，产权归属不清晰。根据法律，农村宅基地属集体所有，而房屋又属农户个人所有，国家对宅基地未实行物权化管理，造成土地和建在土地上的房屋归属偏离。

陵县土地管理局根据《中华人民共和国土地法》制定的宅基地管理办法规定，村民需要宅基地的应向集体经济组织提出申请，并公示。公示期满无异议的，报经乡镇审核后，报县审批。

于庄的承包地由于免收集资提留款，村里代缴农业税等优惠政策，没有出现耕地转包的现象。于庄非农经济的发展还没有强大到使于庄的农民完全放弃耕地的程度。在于庄，随着城镇化的推进，宅基地成了村民普遍关注的焦点问题。

县里的土地管理局和乡里的土地管理所是土地管理的职能部门。由于没有明确的法律依据，对于于庄的宅基地流转和宅基地的审批等问题的管理没有具体的规章制度，基本上都是依靠村里的干部根据村里的具体情况处理。

在于庄的城镇化过程中出现了宅基地的流转现象。于庄过去传统的划分宅基地的方法是，家里的儿子成年定了婚后，家长可以向村里申请一块宅基地。家里没有成年的儿子要结婚的，村里不给新的宅基地。在于庄街区规划和房屋改造的过程中，为了减少村民拆迁房屋的阻力，村里制定了对拆迁户来说相对优惠的政策。沿街区的住户房屋按照规划计划被全部拆除掉的，除了给予经济补偿之外，在沿街区的地方重新划给一块新的宅基地。被拆除掉一部分的，如果能在原来的地方盖楼的就在原来的地方盖楼，给予经济补偿，原则上不给安排新的宅基地。如果拆除后不能在原来的地方盖楼的，村里给安排新的宅基地，但是村里统一规划后，原来的户主有优先使用该宅基地盖楼的权利。这样，在于庄的街区规划过程中，出现了一些人家沿街有一处以上宅基地的现象。村里规定了沿街的宅基地盖楼的期限是一年，沿街宅基地的增值势所必然。

不想盖楼或盖不起楼的就把宅基地转让给别人。这样就在于庄村内自发地形成了宅基地流转市场。村里的态度很明确，宅基地转让只要到村里备个案就可以了，村里不干涉村民个人之间的宅基地流转问题。对于于庄宅基地流转中出现的矛盾和纠纷，县、乡土地管理的职能部门则本着"民不告，官不纠"的原则。于庄在城镇化过程中自发形成了宅基地流转市场，在宅基地转让的过程中始终遵循着"差序格局"的原则。这是支撑这个村庄内部市场的潜在规则。

（四）县环保局

县环保局作为负责管理环境问题的国家职能部门，在实际的环境监督方面也处于一种软弱和无奈的状态。但作为国家的职能部门，其权威性还是存在的。

于庄村民的权利意识是随着于庄经济的发展而不断增强的。1979 年于庄的电动磨房尽管对周边的居民产生了噪音污染，于庄的村民没有觉得自己的利益受到损害，相反，他们对这种代表着现代化气息的噪音充满了自豪。80 年代，为了解决供电问题，于庄自己安装了一台 135 千瓦的发电机，发电机的噪音比电动磨房的噪音具有更大的破坏性，于庄组织了小规模的房屋搬迁，把发电机周围受其噪音影响大的住户搬迁到了离发电机较远的地方。村民对发电机的噪音没有表现出极大的反感，也没有向村里提出什么特殊的要求和条件。在于集乡有的村庄还没有通电的情况下，于庄是全乡第一个实现了村民家庭全天供电的村庄。这种噪音给他们带来的是一种优越感，在这种日夜轰鸣声中，于庄的村民感到了富足和希望。

于庄的织布厂最初建在于庄村南的苇子地里，远离住户，织布厂建成后规模逐渐扩大。周围的住户随着织布厂规模的扩大也进行了房屋搬迁。这个时候于庄的城镇化进程加快，沿街宅基地的价值已经被于庄的村民越来越认可，成为村民争相占有的目标。村民会找各种理由进行房屋拆迁，在沿街区的地方占有一块宅基地，然后盖楼房。随着织布厂生产规模的扩大，产生的噪音越来越大。织布厂北面没有搬迁的住户以噪音污染严重为由，要求村里安排搬迁。其实，噪音污染是这些住户要求搬迁的借口，真实动机是在沿街区的地方占一块宅基地。在沿街区的宅基地比较紧张的情况下，这些要求搬迁的村民和村委会形成了利益的对立关系。为了解决这个问题，村里请县里环保局的技术人员对织布厂后面的住户的噪音污染进行了监控和测量。按照国家的标准，确实受到噪音污染超标的，村里就组织受害的住户进行搬迁，在沿街区的地方安排新的宅基地。对于所受噪音污染没有超标的住户，则采取不搬迁，适当给以经济补偿的做法。这样，环保部门的权威性在解决村民要求搬迁与沿街区宅基地相对紧张的矛盾中发挥了重要作用。

1994 年于庄的织布厂进一步扩大生产规模，准备投资上一条印染生产线。印染生产线会产生比较严重的环境污染，尤其是水污染。在讨论印染生产线是否上马的过程中，于庄产生了两种不同的意见。最后，还是主张生产的观点占了上风。环绕于庄的河水已经被县里的化工厂和造纸厂污染。于庄的印染生产所需水只能是采取地下水。于庄的地下浅层水被污染，基本达不到国家饮用水的标准。为了解决于庄村民的饮水问题和于庄企业生产的用水问题。于庄投资30 多万元修建了深水井。

在于庄的印染生产线是否可以上马生产的问题上，县、乡政府的态度是很暧昧的。印染生产线的利润高，但污染严重。在二者的决策博弈中，发展经济的导向依然占据了主导的地位。于庄的印染生产线没有相应的污水处理设备，只是把污水向工厂周围的河沟排放。于庄周围的河沟里的水已经被县里的化工厂和造纸厂排放的污水污染。修建在县城北边的污水处理厂没有能力处理这么多的污水，只能使污水排放在工厂周围的河沟里。当于庄的污水排放涉及到周围村庄的时候，周围村庄的反应并不是很强烈的。于庄采取的措施就是把污水排放尽量限定在于庄的界内，靠自然渗透和自然蒸发的方式处理污水。随着于庄纺织企业生产规模的扩大，由织布厂扩大为能经、浆、织、染的企业集团。地下水的采取量和污水的排放量越来越多，过去那种单纯靠自然渗透和自然蒸发的方式已经不能解决污水处理问题。于庄的污水也开始向于庄南面的河里排放，加入污染大军的行列。

县环保局来于庄调查了解企业排污情况。于庄企业的污染引起了县环保局的关注，其实县环保局作为主管全县环境问题的职能部门面对全县日益严重的污染问题也无能为力。但是又不能不从形式上履行自己的职能。县环保局派了两名工作人员来到于庄的企业检查了印染生产线的污水排放以及污水处理情况。于庄的村干部接待了县环保局来的工作人员，顺便吃了顿便饭。县环保局的工作人员和于庄村干部的关系还是很好的，他们知道环境执法部门没有实际的权力。在发展经济是全县工作中心的环境下，只要环境污染没有引起太大的民愤和事故，县里的领导还是会支持乡镇企业经济的发展的，县里会慎重考虑，妥善处理经济发展与环境的问题。

每年年底的时候，县环保局都要来于庄收取排污罚款。排污费的收取数额是县环保局和于庄领导通过讨价还价而确定的。收取排污费这样的事情，都是由环保局的一般工作人员来的，他们会带着局里确定的收取数额来和于庄的村干部要这部分钱。于庄会安排村里的非主要干部来接待环保局的收费人员。最后实际收取的数额是双方讨价还价而确定的。于庄的领导也很给他们面子，不会让他们空手而回的，但也不会按他们要求的数额全部给他们。

（五）李家坝村水污染事件中的环保部门及基层政府

任何环境问题都对社会系统产生直接或间接的影响和作用，将人群划分为受益者和受害者。在一般情况下，受益群体一方始终存在所谓公推的代言人——利益代表者，而受害群体一方往往没有代言人，其受损利益无人代表和保障。只有政府才能够充当受害者和受益者矛盾关系的协调者。① 而基层政府出于自身经济利益的考虑，往往袒护环境问题的致害者，很难公正地协调受害者与受益者之间的关系。

李家坝村是于庄的邻村，在于庄的东南方向，距贯穿于庄南北的陵宁公路1 公里左右，有一条土路把李家坝村和陵宁公路连接起来，这条路是进出杨书办村的主要通道。2003 年，乡里为了实现"村村通公路"的目标，进行村级道路建设，把这条土路改造成低等级的柏油公路。道路建设的资金大部分由乡里出，村里出了少量资金和全部的义务工。村里主要街道是连接陵宁公路的道路在村中的延伸，只是在进入村庄的时候，向两侧做了些拓宽。在 2003 年以前，这条主要街道是一条极不规整的土路，基本上是东西走向，下雨天的时候，街道上往往有很多积水。附近的住户也常常把家里积攒的农家肥堆积在街道的两侧，还有的人家把柴草和麦秸也堆在街道的两旁。除了这条主街道外，还有一些南北走向的非常不规整的胡同，胡同的路面大多数是土质的，富裕住户相对集中的一些胡同也有几户人家集资铺上了砖。村里的住房以砖瓦房居

① 太晓霖，洪尚群．环境问题中受害者和受益者关系动态初步分析．云南环境科学，2002，(4)：8～11.

多，还有少量的土房，但没有楼房。

李家坝村是一个典型的农业村落，没有村办企业，也没有私人企业。沿街有两个很小的商店，街道的北边一个，南边一个。街道南边的这个商店是把正房的后墙扒开一个门，改造成一个商店。街道北边的这家商店规模比南边这家大些，是把沿街的院墙扒掉后盖了三间砖瓦的平房。这两家商店都经营一些村里人日常生活所需要的用品，也经营一些熟食。由于销量不大，商品流通得较慢，同类商品的价格比于庄的要高些。李家坝村的村民买日常用品一般都到于庄去买，也有去县城顺便捎来的。只有当确实紧急需要的时候才到本村的小商店去买东西。

李家坝村是一个多姓村，一个300多人口的小村子有李、杨、张、王、孙五姓。其中李姓的人口最多。李家坝村的支书和村委会主任多是由李姓人家垄断，尽管李姓人家是村里的大姓，但他们各家之间也存在着矛盾。村支书和村委会主任在李姓人家内部频繁地变动。

李家坝村的村民以农业为主。在农闲的时候也有做点收废品、贩卖鸡鸭等小生意。青年人有到外地打工的，更多的人是到于庄的企业做工。于庄企业的发展又使得李家坝村在经济和就业方面对于庄产生了一定程度的依赖。李家坝村的绝大部分村民都企盼着于庄的企业发展得更好。因为在本乡本土打工总比到外地打工好得多，尤其是女孩子，到外地打工家里人也不很放心，到于庄打工一是离家近，二是亲戚朋友的也会照应一下，最起码不会受人欺负。由于彼此都在传统的婚姻圈内，于庄和李家坝两村之间亲戚关系错综复杂。

李家坝村的耕地和于庄的耕地紧挨着。李家坝村的耕地灌溉主要是用村西边南北走向的河里的河水，不靠河的耕地主要是采用机井里的水灌溉。依靠河水灌溉的耕地约占全村耕地的一半左右。李家坝村灌溉所用的河水渐渐地被污染了。沿河的住户过去有喂养鸭子和鹅的习惯，把鸭子和鹅在河里放养。夏天也有在河边洗衣服的。河水被污染后，沿河住户没有在河里放养鸭鹅的了，渐渐地养鸭鹅的人家越来越少了，夏天也没有人在河边洗衣服了，也没有小孩子在河里游泳了。但是村民依然用这被污染了的水浇地，因为除了用这河里的水之外别无选择。关于到底是谁污染了这条河里的河水，李家坝村的村民们搞不清楚。他们说是造纸厂和化工厂的废水污染的。这条河和于庄灌溉所用的河有一条小河沟连着，这条小河沟和村里连接陵宁公路的那条小公路平行着，在小公路的南侧。也就是说于庄和李家坝村都是化工厂和造纸厂污染的受害者。于庄的印染生产线投产后，用在于庄范围内解决污染的办法处理污水。随着于庄印染生产规模的扩大，单纯靠在于庄村界内解决污水排放的方式已经不能满足需要，于是于庄也不得不把污水排放到附近的河沟里，加入到污染大军的行列。

用污染了的河水灌溉耕地，一开始的时候没有发现有什么异常的反应。但村民心里明白，用这样又黑又臭的河水灌溉耕地，对耕地和庄稼肯定没有好处。所以，村民们都把河边种的蔬菜拿到集市上去卖，自己不吃。村民自己吃的是种在自家院子里的蔬菜。他们也尽量不吃用河水浇地生产的粮食，这样的粮食交公粮，或卖掉。2001 年麦收的时候，于庄和李家坝部分用污染河水灌溉生产的小麦的麦粒里的粉是浅褐色的。村民们都知道这样的麦子不能吃，但没有一个农民把这种小麦毁掉，都想办法把它卖掉了。

用污水浇地的农民明显感觉到庄稼的长势和粮食的产量一年不如一年。用井水浇的地明显好于井水和河水交替使用浇的地，井水和河水交替使用浇的地好于纯粹用河水浇的地。2002 年，李家坝村靠河岸的一片地，由于使用污染的河水浇地，致使庄稼枯萎死亡，基本上是绝产状态。于庄以及沿河的几个村庄也出现了部分庄稼枯萎死亡的现象。

受灾的农民们都觉得自己受了损失，但找谁要赔偿呢，他们也不知道究竟是谁污染了他们一直用来灌溉农田的河水。他们都听说是县里的造纸厂和化工厂排放的污水污染了他们用来浇地的河水。因为距离于庄较近，他们都知道于庄的印染生产线排放的污水也加入了污染的行列，于庄的排污更加重了河水的污染程度。他们觉得让于庄来承担他们的全部损失不太合理，尽管于庄的企业排污也加重了河水的污染程度。

长期以来，中国环境保护的"政府主导型"模式使人们在日常生活中受到环境污染的侵害时，往往首先想到并采取最多的维护自身环境权益的行动便是到政府信访。信访是当代中国群众性利益表达的一个比较直接而且独特的渠道。[1] 信访既是中国政治诉苦常规化后的一项制度安排，又是作为日常谈资的诉苦的一种汇聚与升华。[2]

李家坝村几户受灾的村民找到村支书李文希商量对策。他们觉得以个人的名义反映问题不如以村集体的名义反映问题的力度大。找谁反映情况呢，找乡里的领导反映情况不解决问题，因为河流是跨越乡的界限的，并且造成污染的

---

[1] 胡伟. 政府过程. 杭州：浙江人民出版社，1998.

[2] 清华大学社会学系. 清华社会学评论特辑. 福建：鹭江出版社，2000.

造纸厂和化工厂都是县里的企业。村支书李文希找到乡党委书记说明了情况，乡党委书记也表示无能为力。李文希就到县环保局反映情况，县环保局的工作人员接待了他，并且把他反映的情况做了记录。一位副局长跟他说，这种情况环保局也头疼，并跟李文希说你先回去，环保局想办法解决。

李文希回来后等了一个多月又去了县环保局，这次正好局长也在单位。局长对李文希说你们村的情况县里领导都已经知道了，正在想办法解决。局长让李文希先回去，等候通知。李文希回村后把情况跟村民们一说，村民们觉得县环保局解决不了他们村的问题。有村民提议向新闻媒体反映情况，让媒体曝光加速问题的解决。也有村民提议和邻村的受灾村民联合起来向有关部门反映情况。问题是由谁来组织联系其他村的村民，李家坝的村民觉得由支书出面和临村的支书联系比较好些。李文希联系了几个村支书，有的村支书有顾虑不愿牵头搞这些事情。在全乡的村支书中，就是于庄的支书于宏奎在全乡所有的村支书中威信最高，因为于宏奎还兼任乡党委副书记。但于宏奎决不会加入到这个行列的，因为于庄本身也是污染源之一。于庄既是环境污染的受害者也是环境污染的致害者。

李文希到了省城找到了省电视台，反映李家坝村因环境污染对农民所造成的损失。省电视台答应派新闻摄影记者到李家坝村进行调查和采访。省电视台的记者到了李家坝村实地调查了情况，并且也采访了部分村民。但这次采访也没有任何结果。

李家坝邻村的几家受害较重的农民他们觉得如果自己受到损失又不能得到赔偿，那太不公平了。他们想到了省环保局。他们觉得打电话不如亲自到省城去效果好，附近几个村子的村民推举李家坝的支书李文希代表受灾的农民到省环保局反映问题。他们愿意承担车旅食宿的费用。李文希觉得如果自己代表李家坝村去反映问题还说得过去，如果也代表其他村子的农民说话，他觉得自己没有代表性，也怕给自己招惹是非。

李家坝邻村有个叫马楼的村子，马楼村在李家坝村的北面，中间就隔着一块农田。在两个村子的东边有一条小路，是连接两个村子的主要通道。两个村子都在被污染河流的东侧，都是用污染的河水浇地的受害者。但是相对于李家坝村来说，马楼的受灾面积要小得多。因为马楼有相当多的耕地是用井水灌溉的。马楼村是沿河岸呈南北长东西短的状态分布，而马楼是呈东西长南北短的状态分布。所以，马楼的耕地用河水灌溉的面积要小一些。

马楼有个叫张德军的青年，高中毕业后在家务农，农闲时做点小生意。他家在河岸上的一亩多地因为经常用污染了的河水灌溉造成庄稼枯萎死亡。张德军觉得这种问题不解决的话，情况会越来越糟。李家坝的支书李文希不愿意代表其他村子受灾农民到省环保局反映情况，张德军觉得农民应该积极向政府反映问题。各个村子受灾的农民都希望能有个代表反映自己的要求和期望。既然有的村支书怕给自己惹麻烦不愿参与得太深，那么农民自己组织起来向上级职能部门反映情况解决问题就成为一种必然的选择。

张德军利用走街串巷做生意的机会到附近各个村子联络受灾村民。凡是同意到省里反映情况和寻求问题解决的村民都按户缴纳 5 元钱的差旅食宿费，并且签上自己的名字。张德军组织了几个文化水平和法律意识较高的年轻人坐汽车到省城环保局反映情况。他们一行三人在省城住了四天，把受灾情况向省环保局的领导做了反映。省环保局给他们的答复是，派有关的工作人员到他们这里调查了解情况。

县里得知省环保局的工作人员和环保专家要来调查了解企业的生产排污情况，就事先通知县里的各家企业做好迎接省环保局专家调查的工作。于庄的支书于宏奎也接到县环保局的电话通知，要求于庄对印染生产线的污水排放适当处理一下，做好充分的准备应对省里的检查。

省里的调查人员来到县里，在县环保局工作人员的陪同下，巡视了污染的河流，查清了造成污染的企业以及农民用污染的河水灌溉所造成的损失情况。要求县里依法对造成污染的企业给予经济处罚，限期整改，对造成损失的农民根据实际情况适当赔偿损失。对污染企业的罚款用来赔偿农民的损失。

省环保局的工作人员做出了相应的决定，但这些决定始终并没有执行下去。因为造纸厂和化工厂等对环境造成污染的企业是县里的利税大户，不可能轻易被它们关掉。于庄的企业照常进行生产。

交公粮的时候，受灾农民要求乡里减免一些公粮。乡里考虑酌情处理，对于欠缴和晚缴公粮的农民派出工作组做工作。李家坝村是因为用污染的河水浇地出现庄稼枯萎死亡比较严重的村子，所以村民欠缴公粮的比较多。于庄乡政府派出由三名乡干部组成的工作组到李家坝村做工作。秋天的时候，乡里要到村里收黄河水钱。过去河水没有被污染的时候，沿河的村庄收取黄河水钱没有太大的困难，农民还是通情达理的。当河水逐渐被污染到对庄稼产生致害作用，导致庄稼枯萎死亡甚至绝产的时候，再收取黄河水钱，农民觉得难以接受。和催缴公粮一样，乡里也派出干部组成的工作组到村里做工作。乡干部通过说服教育的方法终于完成了黄河水费的征收任务。

对于被污染了的土壤，农民采取的办法是深耕地，多施农家肥，尽量用大量井水灌溉农田把土壤表层的污染物压下去。

各个村子里的人觉得地下水可能也受到了污染，但各个村子普遍都还饮用浅井水。因为打一口深水井要花十几万元钱，所以，没有村办企业的村子要通过集资的方式解决这个问题还是有一定难度的。家庭经济条件好点的农户开始买饮水机，喝纯净水，有意识地让孩子多喝纯净水。

于庄由于村办企业比较发达，村集体的经济实力雄厚。于庄的村民不交集资提留款，村里代缴农业税。对沿河岸用污染的河水浇地受损失的农民，村里给予了适当的补偿。因为村里的企业也向河里排放了污水。

第二节 于庄的村级组织

一、村级组织的嬗变及特点

（一）村级组织的特点

本文所说的村级组织，是指政治体制内的正式组织，它们按照法律规定成立并履行一定政治功能，有鲜明的组织程序、目标和规则。[①] 村级正式组织主要包括村党支部、村委会、村民小组等，还有团支部、妇联、民兵连等群众组织和准军事组织。在制度安排上，村支部和乡镇党委的关系是上下级关系，是命令和服从的关系，村支部是乡镇党委的村级代理人。村委会与乡镇政府的关系是指导与被指导的关系而不是行政命令关系。这一制度安排使村委会成为村民利益的代表人，而非乡镇政府的村级代理人。村支部与村委会的关系可以简化为村支部书记和村委会主任两个人之间的关系。

根据党的章程，党的基层组织是党在社会基层组织中的战斗堡垒，是党的全部工作和战斗力的基础。在党的基层组织与其他组织之间的关系方面，党的基层组织领导本地区的工作，支持和保证行政组织、经济组织和群众组织充分行使职权。

根据《中华人民共和国村民委员会组织法》及其他的有关规定，村委会的职能是，组织群众进行自我教育、自我管理、自我服务；办好本村的公共事

---

① 参见于建嵘. 岳村政治. 北京：商务印书馆，2001. 352～353.

务和公益事业；协助乡镇人民政府搞好本村的行政工作、生产建设、社会治安、民事调解；制定并执行村规民约，向政府反映村民的意见、要求和建议。① 村民小组是集体经济组织，村民小组组长的职责是，实施家庭联产承包责任制积极发展经济；按时完成上级下达的任务和上缴各项税费；搞好村里土地、水电等资源的管理。村级组织以村党支部为核心，在村庄的事务中，党支部具有实际的决定权。村委会和其他的组织都在实际上成了村党支部的附属机构。党支部拥有传统的权威和政治上的特殊优势，乡镇党委和政府很强调村党支部的核心作用，村委会和村委会主任要服从和配合村党支部和支部书记的工作。所以说，村级组织主要是村的党组织。"从理论上来讲，村党支部是中国共产党在乡村社会的最基层组织，对社区事务并不具有特别的制度性权力。……但中国政治传统却在事实上赋予了执政党组织远高于同级行政组织和权力机构的社会管制权。村党支部也在事实上成为了一种制度性的公共权力组织，掌握了乡村社会的主要公共权力，并在村级正式组织中处于领导核心位置。"② 中国的村级组织实行的是一元化领导并表现出一体化运作特征。

村党支部和村委会作为国家给予了一定政治地位的乡村权力中心，他们首先是政府在社区的代理人，但由于国家实行了严格的科层制度，他们的利益与国家的利益缺乏真正直接的联系；村委会不仅是一种社区性的自治组织，同时还是一个经济组织，这就决定他们对社区利益的关注和保护。因此村干部在充当代理人和当家人的双重角色。③

农村党组织或村委会的成员，是村落社区政治、经济和社会生活的组织者和管理者，但村级组织的成员也是具有自身利益的经济行动者。由于体制条件和经济条件的限制，各类村组织发挥的职能作用与法律上或制度上规定的标准有明显的差距。村级组织由于是非国家非政府的组织，没有固定的财政支撑。村级组织的成员没有固定的工资收入。所以，利益对于村级组织和其成员来说是更为现实的问题。村级组织及其成员在履行法律和制度规定的职能时，存在着获取自身利益的问题。

村级组织拥有对村集体财产的支配权，在市场经济条件下，这种支配权非常容易转化为经营权，村级组织也极易充当经济行动者的角色。那就是利

① 参见施九青，倪家泰．当代中国政治运行机制．济南：山东人民出版社，1993．
② 于建嵘．岳村政治．北京：商务印书馆，2001，352～353．
③ 徐勇．村干部的双重角色：代理人与当家人．见：徐勇自选集．武汉：华中理工大学出版社，1999，275～288．

用村庄的集体资产和村庄的社会资源发展村办企业。这种角色的嬗变和扩展能够带动整个村庄经济的发展，起到其他经营者不可能起到的作用。同时，村级组织的各个成员依据在村级组织里的位置和在村庄经济发展中所实际掌握的资源，获得实际的经济利益和各种荣誉等政治资本。村办企业由于特殊的发展背景实际上是村级组织的附属物，村级组织的领导人依据在村级组织内的地位也在村办企业中担任相应的管理工作。所以说，随着村办企业的发展和城镇化的推进，村级组织的职能和村级组织领导人的职责范围在拓宽，出现了一身二任或一身多任的现象。逐渐由村庄事务的管理者变为村庄事务和企业事务管理者。

（二）村级组织的嬗变

20世纪50年代初土地改革之后，政府开始推行"互助组"制度，"互助组"制度一直延续到1954年底。1955年是初级社大发展的一年，并且很快转入了合作化运动的第二阶段即高级社阶段。人民公社是一个以党的组织为核心，集政治、经济、社会与文化功能为一体的组织体系，公社对基层实行统一领导，分级管理，下设生产大队和生产小队。公社设党委，大队设党支部。农村公共权力资源由下向上集中，由行政向党组织集中，党、政、社合一。政社合一的人民公社体制使国家对乡村的整合达到了历史上前所未有的程度，乡村的自主性受到压抑，直接引发了农村改革的兴起和人民公社体制的废除。

中国乡村政治体制的改革开始于20世纪80年代初，1982年，中央36号文件要求各地有计划地建立村民委员会的试点工作。1983年，中央又发出了35号文件，对建立村民委员会的工作做了比较具体的规定。1983年7月，陵县县委决定把于集公社党委改为于集乡党委。建立于集乡人民政府，完成了政社分设的体制改革工作。把人民公社政社合一体制中的政权职能分离出来。与此同时，全乡所有村一级组织也进行了改建工作。1983年的秋天，原来的大队全部取消，建立了村民委员会，原来的生产队则全部改建为村民小组。

于庄的党支部是建国后建立的，第一任支部书记是抗美援朝负伤后回乡的一个残疾军人，老支书离任后在家养老。1974年于宏奎接任于庄的第二任支书。和于集乡的其他村庄不同，于庄的支书任期较长且比较稳定，没有出现其他村庄那样的频繁更换支书的现象。于庄是个单姓村，没有出现杂姓村那种强烈的派性斗争的问题。村支书在村里的威信高也是不经常变动的一个重要原因。第一任支书是军人出身，并且在战场上立过战功，在政治气氛较浓的时代，这增加了老支书在村里的威望。第二任支书上任没有几年就在国家政策的指引下兴办村办企业，于庄村办企业的成功发展，以及企业发展惠及全村的做法提升了支书在村民中的威望。由于于庄村办企业的发展，作为于庄代表的支书于宏奎获得了省、市农民企业家等各种荣誉称号，并当选为省、市、县的人大代表，兼任乡党委副书记。

在人民公社时期，于庄村庄行政组织是生产大队建制，大队下面分四个生产小队。大队设大队长一人，大队会计一人。此外，还设有民兵连长，妇联主任和团支部书记等职务。每个生产小队设小队长一人，小队会计一人，仓库保管一人。戴慕珍关于国家与农村社会的研究表明，至少在人民公社时期，生产大队更多地代表了国家的利益，而生产队更多地代表了农民的利益。1983年撤销公社建制，改设乡的建制后，于庄的生产大队也改为村民委员会，生产队改为村民小组。在人民公社时期，于庄的大队长是由公社指定的，协助村支部书记工作。1987年《中华人民共和国村民委员会组织法（试行）》颁布后，虽然规定村民可以提名候选人，但换届选举仍然是由乡党委直接提出了候选人。在于庄，不管是大队长还是村委会主任，不管是指定还是选举，基本上没有太大的变动。于庄的村支部和村委会的班子成员是稳定的。村支部和村委会在形式上是两个组织，实际上是一个组织在起作用，村级组织的运作实际上就是村支部书记一个人在起决定作用。中国乡村政治的一个显著特征就是组织的人格化，村民们往往将某一职位的人完全等同于某组织或机构。在于庄，人们往往将村支书于宏奎视为村党支部的象征。

联产承包责任制后，村支部、村委会和村民小组长的职能逐渐被削弱。随着于庄村办企业的发展和于庄城镇化进程的加快，村支部和村委会的主要精力用在了发展村办企业和于庄的街区建设上。于庄企业规模扩大，需要的管理人员越来越多。鉴于村支部、村委会成员和村民小组长过去对村庄事务的贡献，村里安排村支部和村委会的主要成员做一些企业厂长之类的职位，村民小组长就逐渐被安排进企业做一些车间管理工作。在企业管理职位的安排上，体现了村行政组织的层级。于庄的颜春纺织集团成立后，支部书记于宏奎亲自担任公司的董事长，村委会主任于振华担任总经理，村里的会计于振康兼任集团公司的会计。随着管理职位需求量的增加，于庄有意识地选拔和培养一些有能力的年轻人做企业的管理工作。于庄企业的管理人员都是本村的，外来的打工人员只做一些体力劳动，从市国棉厂和天津棉纺厂等大的纺织企业聘来的技术人员只做一些技术方面的工作，还担负着培养于庄技术人员的任务，不负责企业的管理工作。于庄的村办企业的发展是于庄的一个扩大和翻版，出现了"村企同构"的现象（见表5—1）。

表5—1　于庄村干部在企业任职情况表

姓名	在村党支部的任职	在村委会的任职	在于庄企业的任职
于宏奎	村党支部书记兼乡党委副书记	——	颜春集团董事长
于振华	村党支部副书记	村委会主任	颜春集团总经理
于振康	村党支部宣传委员	村委会会计	颜春集团会计
于振让	村党支部组织委员	民兵连长	颜春集团副经理
于光才	党员	村民小组组长	颜春集团车间主任
于少平	党员	村民小组组长	颜春集团车间主任
于汝格	党员	村民小组组长	颜春集团车间主任
于光建	党员	村民小组组长	颜春集团质检科长

资料来源：根据笔者2006年4月的田野调查资料整理

二、于庄的村级组织与村办企业

（一）村办企业的发展增进了村干部的利益

于庄的村干部们在村办企业的发展中得到了实实在在的好处。村级组织的领导人在于庄的村办企业中也担任一定的管理职务，他们可以领取货币工资。另外他们还能得到一些额外的利益。在发展村办企业的过程中，村级组织的领导人们积累了丰厚的社会关系和社会资源。主要村级干部给没有考上学的子女办了非农业户口，在县城安排了较好的工作。

作为于庄"当家人"的村支部书记于宏奎很简朴，又能坚持共同富裕的原则，使于庄的村民能从企业的发展中得到实惠。因此，在村民中有很高的威信。随着于庄村办企业的发展和城镇化的推进，于宏奎在政治上的地位也逐渐上升，各种荣誉也接踵而至。他先后获得了省农民企业家的称号，当选为县、市和省的人大代表，担任乡党委副书记。在于集乡，于庄的支部书记是唯一一个同时兼任乡党委副书记的，也是全乡唯一一个连续任职年限最长的村支部书记。他还亲自兼任颜春集团的董事长。

他的四个子女都没有考上中专或大学，都是通过关系办了非农业户口，安排了工作，成为国家的正式工作人员，并都在县城安家定居。

1981年，他的大女儿于芬初中毕业后没有考上高中，也没有考上中专学校。于宏奎通过自己的关系把女儿转成非农业户口，安排到县广播局上班。后来到县里的幼儿师范学校在职进修，取得了中专文凭。结婚后在县城买了楼房。女婿是邻村村支书的儿子，高中毕业后没有考上大学，然后参军，在部队考上了军校。军校毕业后在部队担任副连长。于宏奎的女儿结婚的时候，规模声势都很大。有的村民说，县长的女儿出嫁也无非如此。

儿子于振勇排行老二，初中上了两年觉得读书很吃力，1983年退学后参军。在儿子参军期间，于宏奎经常到部队看望儿子，顺便给部队的领导带些土特产之类的东西。所以，他和部队的领导关系处得很好。儿子复员后，通过关系安排到县税务局。儿子结婚后也在县城买了房子，安了家。于宏奎的最小的两个女儿也都没有考上学，都是通过关系转成城镇户口，分别安排在县农业银行和县计生委工作，结婚后也都在县城买了房子，安了家。1996年的时候，于宏奎的侄孙高中毕业后没有考上大学，在村里的企业干了一个多月的活。然后通过关系安排在市里的高速公路收费站工作。

于庄大队会计的两个儿子高中毕业后没有考上大学，自费上了个民办的医学院校，也都通过关系安排进县医院里。结婚后在县城买了房子，安了家。于庄村干部的子女在本村企业做工或在村里经商的人很少。村干部的子女大部分都在县城里上班定居。

（二）村办企业管理的乡土特征

折晓叶和陈婴婴的研究[1]指出，现代企业制度进入村庄，并且得以平稳而顺利地运作，是因为其中融入了村庄原有的组织体制。从上面于庄村干部在企业任职情况表可以看出，董事长、总经理与村组织干部身份的搭配是现代企业制度融入村庄组织的结果。生长于乡土社会的村办企业是以乡土社会的逻辑进行管理的。虽然具备了新的工业组织形式，但是传统地缘和血缘关系依然影响着以科层制为主要特征的企业管理。依据韦伯的"科层制"理论，"科层制"最本质的意义在于"命令—服从"互动关系的确立。科层体制是以服从的持续存在为基本前提的，而"命令—服从"互动关系的建立是与对资源的占有和支配状况相联系的。

发展村办企业靠社会资本，人际关系。农村社区内具有建立在地缘和血缘关系基础上的"关系网络"，这是村办企业发展的重要社会资本。通过它，农

---

① 折晓叶，陈婴婴. 社区的实践—"超级村庄"的发展历程. 杭州：浙江人民出版社，2000，272.

村工业企业不仅可以获得资源和信息，而且形成凝聚力和向心力，降低企业内部的组织成本，弥补农村农业管理水平不高的缺陷。企业一旦离开了原有社区，这种社会资本将不复存在，经营风险和企业内部的组织成本上升。

于庄以棉纺织为主的村办企业的发展壮大，借助于这种社会资本，得到了市国棉厂在技术、信息和开拓市场等方面的无私援助。于庄企业管理也是借助于乡土社会特有的社会资本。于庄是个单姓村，平时人们相称都是按辈分，在企业中，虽然也担任了车间主任等职务，但本村人从来不叫职务名称，都按辈分叫。只有外来的工作人员才称呼职务名称。农民出身的村级组织领导人在村办企业发展之后，相应地在企业里担任一定的管理职务，他们没有企业管理的知识和经验，靠的是当村干部的威信和计划经济时期农业管理方面的经验进行管理。于庄的干部是用管理村庄和农业生产的方式与思维来管理现代化的企业。于庄企业管理是家族式与科层制的混合物。在情、理、法的博弈中，始终是情和理的因素占据主导的地位。

案例一：2001年冬天的一个晚上，于庄的于少臣在织布厂值班的时候，用汽油喷灯烤上冻的水管，引起一个织布车间失火，给于庄的织布厂造成巨大损失。事故的原因很快查明，于少臣也承认是自己的失误造成火灾。支书于宏奎非常气愤。于少臣也害怕了，吓得直哭。后来于少臣的父母找到于宏奎向他求情，又找到于宏奎的老婆让她也在支书面前求求情。大队会计和于少臣是一个院的，还没有出五服，他也加入到求情的队伍。最后的处理结果是，把于少臣开除了，让他家在力所能及的基础上赔偿了部分损失，以示警诫。

村里人都觉得事情也只能这样处理了，如果真的让他家包赔全部损失，其实他家也赔不起，那就有点太不近人情了。都是一个村里的人，都有或远或近的血缘关系，把事情做得太绝了对谁都没有好处。

——根据访谈资料六整理

案例二：于庄企业因工作需要买了一辆桑塔纳轿车，这辆车没有成为于宏奎的专车，也没有成为村干部们和企业领导们的专车，而成了于庄的"便民车"。于维全是专职司机。由于于维全能够热情地为村民服务，所以在村民中的口碑还好。2002年春节过后，于维全经于宏奎允许开着车到岳父母家拜年，他岳父母在东营市的郊区，距离于庄大约有300多里路。于维全把车开到岳父家后，于维全的妻弟对开车很感兴趣，一直想学开车。看到姐姐和姐夫开着车来拜年，就央求姐夫让他开开车体验体验。于维全本不想让他开，可经不住妻弟不停地央求，他嘱咐妻弟一定要小心，千万别出事。

于维全怕出事，结果就真的出事了。他的妻弟把车撞到一棵树上，车的前灯被撞碎，车棚被撞得变了形。好在人没有伤着。于维全和妻弟还有岳父全家人都吓坏了。

怎么处理这件事情呢。最后全家人商议的结果是，撞坏了的车先留在东营于维全的岳父家，老婆孩子在岳父家住下。于维全自己坐公共汽车回家向于宏奎汇报情况。于维全见到于宏奎就哭了，说明了事情的原委。于宏奎也挺着急的，让于维全再回去把车修好开回来，修理费用由村里承担一部分，于维全个人承担一部分。大家觉得这件事情这么处理恰到好处，既得留了人情，又对过失行为进行了惩罚。

于维全和于宏奎是一个院的，他们是四服以内的关系。尽管于维全的年龄比于宏奎小，但按辈份于维全还是于宏奎的叔字辈。

——根据访谈资料七整理

费孝通在其《乡土中国》这本书中，将中国社会的特质概括为"乡土本色"。在乡土社会中，国家法律实际上是没有效率的，乡村事务的管理讲求的是"礼治"而不是"法治"。在乡土社会中存在着一套相互的信任机制，这套信任机制影响着国家法律在乡土社会的具体运作。当村庄引进现代工业时，利用这种信任结构降低了交易成本，规避了不健全的外部市场的风险，但也造成了一定的问题。

三、环境问题中的村级组织

随着于庄村办企业的发展，于庄由过去的农业村落逐渐发展成为以工商业为主、农业为辅的现代化的小城镇。于庄的城镇化是典型的工业推动型的城镇化。于庄在兴办村办企业和推行城镇化过程中，出现了一些诸如人口聚集、街区规划、房屋改造、噪音污染等引起的环境问题，这些问题通过村级组织和乡政府的协调都得到了妥善解决。当村干部的权威不足以解决城镇化过程中出现的问题的时候，会借助于政府职能部门的权威。

1994 年开始了街区规划和房屋改造，在街区规划和房屋改造的过程中，村里请县城建局的工程技术人员对于庄的街区做了科学的规划。在解决"钉子户"房屋拆迁过程中，村委会做了大量的工作。当出现棘手问题的时候，支书凭着自己在村里的威望亲自出马解决问题。村民都会给支书面子，支书解决问题的方法很有意思，对那些蛮不讲理的人家也会采取破口大骂的方式解决，这办法他用起来有的时候还真有效。

于庄街区改造和房屋规划出现的建筑垃圾，单靠村民个人无法解决，由村里出面向乡里请求帮助解决。乡里通过协调各村之间的关系解决了于庄的建筑垃圾问题。对于因企业规模扩大和噪音污染所引起的拆迁问题。村里请县环保局的专业技术人员进行了噪音污染的检测，根据国家规定的标准进行处理。借助于国家专业权威机关的帮助，于庄村领导比较顺利地解决了这个问题。

于庄的企业以棉花加工为龙头，对棉花的深加工是于庄企业进一步发展的要求。纺纱、织布、印染一体化是于庄企业实现集团化生产，提高效益的必然选择。纺纱和织布对于庄的环境没有造成太大的污染，对于庄的环境造成影响最大的是印染生产线的投产。印染生产线工程的上马在于庄引起了争论。大家都知道印染生产线的投产会造成环境污染，但是印染生产线的投产会产生很大的利润。于庄的纺织厂不具备污水处理的能力，企业也不打算上污水处理设备。因为从成本与收益的比较上来看，印染生产线和污水处理设备同时上的话，将不产生利润。不上印染生产线的话，作为于庄支柱的纺织企业将难以形成规模，不能实现生产的集团化，难以产生规模效益。在利益与污染的博弈思考中，于庄的村干部做出了以牺牲环境来换取经济利益的选择。

村里一开始打算把印染生产线产生的污水在于庄村界内解决，通过自然蒸发和渗透的方式解决污水。后来生产规模的扩大，污水排放量已经超出了在于庄村界内处理掉的能力。于庄也加入到污染大军的行列，开始向附近村庄污染渗透和转移。对于在村内造成的水污染，村里解决的办法是打了一口深水井，免费向村民提供自来水。但是对于于庄今后的环境问题，现任的村干部没有做过长久的考虑。作为于庄支部书记的于宏奎，在进行抉择的时候面临着更多的压力和痛苦。于庄必须向前发展，这不但是于庄自己愿意不愿意的问题。有着诸多荣誉的村支书必须向上级政府和社会有一个交待。于庄的经济在发展，于庄的人民生活水平在不断提高，这是于庄人的目标。

附近村子的人们也凭着直觉觉得他们赖以饮用的地下水受到了影响。对于于庄他们都有一种复杂的心情，于庄的企业发展确实解决了附近村庄部分人的就业问题，他们对于庄产生了一定程度的依赖。于庄的污水确实也影响到他们的生产和生活。他们又不希望和于庄把关系搞得很紧张。于庄也觉得自己的企业排放的污水的污染已经超出了于庄的村界，但是没有经济实力解决这个问题。作为对附近村庄的补偿，只能是多给他们提供就业机会。

县里的造纸厂和化工厂的废水污染已经对于庄造成了很大的影响，于庄的村干部和村民都知道如果于庄上马印染生产线将加重于庄的环境污染。在商讨印染线是否上马的问题上，村级组织的领导们和企业的管理者们大部分趋向于上马，尽管他们也能预料到将要出现的废水污染问题，他们现时的利益已经与于庄企业的发展壮大紧紧联系在一起，他们将从企业的进一步发展中获得更多的利益和荣誉。

乡里的领导和县里的领导也都支持于庄企业的发展，于庄的企业是乡里的重要经济支柱之一，于庄企业的发展也是显示乡领导政绩的重要内容之一。乡里的领导会因为经济没有搞上去而受到批评，而没有因为经济发展造成的污染而受到批评的。现实的条件和基础决定了不可能发展其他的项目，上马印染生产线是最现实的和最可能的选择。

在环境和利益的博弈过程中，利益的选择是各利益群体首要的选择。

第三节　于庄的村民

一、于庄村民的职业分布及变化

中国农村经济体制改革为农民提供了自由流动的空间。随着村办企业的发展和城镇化的推进，于庄产业结构出现了第一产业比重逐年减少，二、三产业比重逐年增加的趋势。在人民公社时期，村民以从事农业为主，职业流动性差。联产承包责任制后，于庄村办企业得到发展，村民的职业出现了"由农而工"的变化（见表5—2）。随着城镇化的推进，于庄村民的职业出现了"由工而商"的变化（见表5—3）。

表5—2　于庄各户在村办企业就业者比例分布（截至2006年4月）

在村办企业就业者比例	户数	百分比
无	25	10.5
20%	4	1.6
25%	8	3.3
35%	15	6.0
40%	6	2.5
50%	54	22.7
60%	5	2.1

在村办企业就业者比例	户数	百分比
70%	32	13.4
75%	12	5.0
80%	5	2.1
100%	72	30.2
总计	238	100.0

资料来源：根据笔者 2006 年 4 月份在于庄的田野调查资料整理

表 5—3　于庄劳动年龄人口（16~60 岁）在村办企业工作及"由工而商"情况分布

年份 职业状况	1998 年		2001 年		2005 年	
	人数	比例	人数	比例	人数	比例
未入村办企业	212	31.7%	198	29.1%	162	23.8%
未入村办企业而经商	23	3.4%	46	6.8%	76	11.1%
入村办企业	432	64.6%	402	59.1%	392	57.4%
退出村办企业经商	2	0.3%	34	5.0%	52	7.7%
总计	669	100%	680	100%	682	100%

资料来源：根据于庄村委会的统计资料。经商是指在于庄街区经商。

从上表可以看出，于庄村民的职业变化与村办企业的发展和城镇化的推进有着密切的关系。于庄村民的经济利益在很大程度上依赖于村庄的发展。

二、于庄村民对环境问题态度的嬗变

于庄的村民觉得他们的生存环境在恶化。从 1980 年到 2005 年，这 25 年的时间里，于庄人觉得村里得肿瘤病的人比以前多了。他们搞不清楚具体的原因，但隐隐约约觉得和生存环境的恶化有着一定的联系。在访谈于庄的老人关于于庄人生存环境变化的时候，有一位老人说，过去的时候粮食产量低，棉花产量也低，但是施肥用的都是农家肥，不用化肥，也不用农药。喂养家禽和牲畜也都是自己加工的饲料。大约从上个世纪 70 年代末期开始，化肥用量越来越多，渐渐地替代了农家肥。农药的使用量和使用品种也越来越多。粮食和棉花的产量是提高了，但是总觉得粮食没有以前的干净了。以前浇地用的河水和井水都是干净的，现在河里的水被污染了，黑乎乎的臭气熏天的水浇到地里能不影响土质和粮食质量吗？现在就是地下水也可能不干净了，浇地用的井水也泛着白沫，发出铁锈的味道。

农业村落对工业化的渴望掩盖了工业化所带来的问题。农民把机器、工厂和城市与富足联系起来，机器的轰鸣声给习惯于农田耕作的农民带来的是希望和将要富裕起来的喜悦。随着农村工业化的发展和城镇化的推进，农民有了更多的利益诉求。权利意识的增强使环境问题成了他们争取自身利益的手段。

1979 年于庄建立了第一个村办企业—电动磨房。电动磨房的建立既方便了于庄及附近村庄的农民加工粮食和饲料，又为于庄掘得发展村办企业的第一桶金。电动磨房工作时产生的噪音确实对周边的居民产生了影响，但是没有人向村里提出什么特殊的要求。尽管受到噪音的影响，但他们感觉到的是一种满足感。后来的"发电厂"产生了更大的噪音污染，村里有组织地进行了受影响村民房屋的搬迁。村民们都很配合村里的工作，他们没有觉得噪音污染给他们的生活所带来的不便，他们从日夜不停息的噪音中感受到了现代文明正在走向于庄的气息。

随着于庄村办企业的发展和城镇化进程的推进，沿街区的宅基地日益升值，多数村民们都想在沿街区的地方获得一块宅基地。所以，当于庄的织布厂由于扩建和噪音污染而组织部分村民搬迁的时候，更多的村民提出了要求。在沿街区的宅基地日益紧张的情况下，村里不得不控制这个问题。在这个时候单纯村组织的权威性显然已经不够，县环保局的介入使得问题的解决有了一个科学客观的标准。

过上像城里人一样的生活是农民的向往。在于庄的印染生产线是否应该上马这个问题上，于庄的村民有两种截然不同的态度，但主导意见还是赞同印染生产线上马。赞同的意见认为，现在整个社会都在污染，你不制造污染，别人也会制造污染。于庄村南面河里的污水是县造纸厂和化工厂制造的污染。造纸厂和化工厂制造了污染，照样开工生产。于庄没有制造污染却受污染之害。于庄上了印染生产线，尽管会排放一些污水，但肯定会有不错的收益。大多数村民是很理解村干部的良苦用心的，不反对印染生产线的上马的，但大家也担忧过度的污染会影响于庄人的生活环境。反对的意见认为，县里的造纸厂和化工厂造成的污染已经殃及到于庄，于庄村南边的耕地已经用上了被污染的河水进行灌溉。如果在于庄村界内解决印染生产线的污水排放，会进一步加重污染，地下水会受到污染，那将是很大的问题。地下水被污染了的话涉及到于庄居住地子孙后代的问题。他们觉得村干部以及他们的子女有能力搬迁到县城或其他的城市，而于庄地地道道的农民在一般情况下要世代居住在这里。同样是环境的污染，对于庄现在的干部和村民具有同样大的影响，但对于他们的后代则有着不同的影响。村干部们的子女在于庄定居的很少，大部分都到县城工作、安家落户。于庄的村民表现出了与村干部有些不同的态度，但有决定权的不是村民而是村里的干部。尽管村民的意见不对企业的决策起决定作用，但村民的舆论也会影响村干部决策的。当反对的意见不是太大的时候，村民的舆论不对村干部的决策构成很大的威胁。

三、从村民到市民的成长

马克思从唯物史观角度考察了市民社会的成长，认为市民社会是社会生产力发展到一定阶段的产物。我国研究者也是从市场经济发展的角度研究了市民社会的成长。"市民社会并不是存在于一切历史时期，而是只存在于市场经济社会之中，个人摆脱了自然纽带的束缚而作为独立的个人存在，他们才因相互需要的交换关系而联结为一个社会。"[1]

改革开放前的中国，经济上实行的是计划经济体制，政治上也是一种党政不分、政企不分的高度集中的政治体制。这种坚固的一元化社会结构不可能使社会力量充分发展，"市民社会被国家所吞噬了"。[2] 以家庭联产承包责任制为代表的农村经济体制改革和城镇化的推进，为市民社会的成长提供了经济资源。市场经济的发展能够也可以带来市民社会的产生和不断完善。市场经济为市民社会中社会团体的建立和开展活动创造了经济条件。随着市场经济的不断成熟，利益观、民主法制观逐渐成为市民社会的重要特质。从"国家—社会"的理论视角解读，市民社会具有相对于国家的独立性，有自己的组织能力。市民社会不受国家政权的随意干预和支配，市民社会具有对国家政权的管理行为进行监督，并且具有参与政治，影响政策的权力。市民社会中的个人、组织或利益集团拥有活动的自主性。

马克思分析了市民社会的成员与政治国家的成员，即市民与公民的真正关系，认为二者是同一的。市民作为市民社会成员的个人是具有私人利益的、现实的人，而作为政治国家成员的个人是抽象的、"寓言的人"，后者必须以前者为基础而存在。"不是身为 citoyen（公民）的人，而是身为 bourgeois

---

① 王新生.黑格尔市民社会理论评析.哲学研究，2003，(12).
② 马长山.国家、市民社会与法治.北京：商务印书馆，2002，122.

（市民社会的一分子）的人，才是本来的、真正的人。"① 市民社会意识形态具有个体化和世俗化的特征，市民们不再依靠外在的力量而是依靠自己，来实现个人利益。

于庄乡镇企业的发展和城镇化的推进，还没有使农民成长为市民。作为一个由传统的农业村落向现代化的城镇发展的于庄，还没有形成一个独立于村级组织之外的市民社会。长期以来形成的小农思想并没有因村庄经济的发展而得到彻底改变。村民对土地和村干部的依赖心理依然存在，村民的利益仍然由传统的村级组织和村干部代表。能代表村民自己利益的社会组织和团体随着城镇化的推进逐渐萌芽。

联产承包责任制的实施进一步强化了村民的个体意识，削弱了村民的集体意识，村级组织的权威性弱化。但村办企业的发展又像生产队时期那样强化了农民的组织性和纪律性，不是以农业集体生产的方式，而是以工业生产的方式。随着于庄城镇化的推进，于庄中出现了越来越多的从事商业活动的村民，出租房屋的村民也越来越多。职业的相对自由化易于形成具有独立意识的市民社会。于庄的非农经济还没有发展到形成市民社会的程度，但是已经具有了市民社会的意识萌芽。于庄已经具有了不同于传统农业社会的市民社会的雏形。以于庄的出租房屋为例，于庄的出租房屋者自发地形成了"房价同盟"，这种公共意识的形成是基于市场经济发展过程中产生的共同利益。

案例：于汝根原来是于庄第三生产队的队长，弟兄三个排行老大，大弟弟小学毕业后在家务农，后来参军，转业后在县公安局自行车管理所工作，几年后升任县交警大队大队长，在县城颇有势力。在县城盖了房子，把家属搬到县城居住，家里的房子就委托于汝根照管。于汝根的二弟弟当兵转业后安排在县商业局当司机，后来也在县城盖了房子，把家属搬到县城居住，家里的房子也委托给大哥照顾。于庄的街区改造，于汝根弟兄三个和他们父母的房子都被部分拆迁。在县城的弟兄两个出钱在新的宅基地上盖起了楼房，委托于汝根照管，房屋出租后租金的一半归于汝根。在于庄房屋出租者中，于汝根是出租房屋最多的人家，他很关注房租的行市。他挨家挨户通知房租该涨了，应该涨到多少。这样就自发地形成了一个利益共同体。

——根据访谈资料八整理

但对于影响全村人的环境问题，由于涉及的利益群体很复杂，还没有形成

---

① 马克思恩格斯全集（第1卷）. 北京：人民出版社，1956，440.

一个类似于出租房屋者们那样的共识。出租房屋涉及的对象和获得的利益是很明确、具体的，而环境问题涉及的对象和争取的利益是不具体的。在村组织权威性依然很强的村落中，于庄的村民没有把环境的改善寄希望于自己。

第四节　外来务工及经商人员

农村的人口流动在中国历史上多次发生，但是改革开放以来的农村人口流动是在农村工业化和城镇化的背景下形成的。近年来学术界对外来人口的研究多集中在对流入城市人口的研究。这些研究发现城乡分割的户籍制度造成了城市人口和流动人口之间的巨大差异，这种差异导致了两部分人的隔阂。① 城乡二元结构的存在，不能解释从农村到农村的人口流动所产生的隔阂与冲突。关于村庄对外来人口的排斥，一些学者倾向于用"村籍"来解释，② 村籍影响外来人口的同化。王晓毅的研究③发现，对外来人口的排斥来源于村庄的封闭，村庄封闭的最重要原因在于农村工业化和城镇化与市场发展的不同步，也就是在地方政府推动的工业化和城镇化过程中，村庄所控制的资源总量迅速增加，农村工业化是村庄资源增值的最重要原因。围绕村庄的资源形成了村民的利益要求，从而导致了村庄对外来人口的排斥。王斯福在分析中国村庄的时候提出了两种力量，一种是传统的力量，这种力量自下而上地建构村庄的认同；另一种是行政的力量，自上而下地形成村庄的认同。④

随着外来人口的增多，于庄出现了村民和居民的区分。村民是村庄的正式成员，而居民则是居住在于庄，但不享受村民待遇的人员，居民主要是外来人口。于庄界定村民身份采取两个标准，第一个标准是户籍制度；第二个标准是财产关系。获得村庄户口的主要途径是婚姻和生育。在于庄人的观念中，外来人口被分为两个不同的部分：外地人和本地人。村民习惯上通过空间距离区分外地人与本地人。他们所说的外地人是指来自本县以外的人，他们与于庄人有很大的差异，也称为外乡人。外地人来自一个与村庄或村民完全没有社会关系

　　① 周晓虹. 现代化过程中的中国农民. 南京：南京大学出版社，1998. 赵树楷. 城乡纵横—农民流动的观察与研究. 北京：中国农业出版社. 1998.

　　② 李静. 中国的移民与同化. 中国社会科学季刊（香港），1996，（秋季卷）.

　　③ 王晓毅. 本村人、外地人与外来人—经济发达村庄的封闭与开放. 北京行政学院学报，2001，（1）：58～62.

　　④ Stephan Feuchtwang. What Is Village [A]. Eduard B. Vermeer. etc. *Cooperative and Collective in China's Rural Development* [C]. New York：M. E Sharpe. Inc，1998.

的世界。在于庄，他们是陌生人，无论在空间距离和社会距离上，他们与村庄隔得都很远。由于很难融入当地社会，外地人以家乡为纽带不自觉地构建了与本地社会没有关系的老乡群体。与外地人相对应的概念是本地人，来自本县内的称为本地人，本地人在于庄打工或做生意的人称为外村人。本地人也是于庄之外的人，但他们与于庄的村民有着复杂的社会关系。首先是多重的亲戚朋友关系，邻近村庄之间的婚嫁是经常发生的，由此形成了本村人与本地人之间复杂的亲戚关系。本地人进入于庄的时候首先不是以个人的身份，而是以于庄村民亲戚朋友的身份进入于庄的。外来人口在于庄没有承包地，没有分得宅基地的权利，所以外来人口在于庄只能租房子住或做生意。在于庄的房地产市场还没有形成和完善的时候，在宅基地的转让还遵循着"差序格局"的规则的时候，外地人很难在于庄买到沿街区的房子，或得到沿街区的宅基地自己盖房子。买到远离街区的房子对他们来说也没有太大的价值。不像在县城那样，外地人很少在于庄投资买房子。

1965 年，于庄在成为公社驻地后，开始有外来人口来于庄工作，外来人主要是在公社的机关和公社所属的部门工作，吃国家供应粮，发货币工资，但他们和于庄人接触的并不多。当时于庄人习惯上把那些人称为"公家人"。社办企业的发展吸收外来人口到于庄工作。于庄作为一个村庄自身吸收外来人口是在于庄的村办企业发展之后。于庄的社办（乡办）企业所吸纳的外来人口和于庄村民的联系不多，但村办企业所吸纳的外来人口和于庄的村民联系较多。于庄对外来人口的吸纳通过两种途径：一是外来人口在于庄经商做生意。随着城镇化的推进，于庄作为商业活动中心沿着本村—本乡—本县—外县的路径向外辐射，来于庄经商做生意的外来人口逐渐增多（见表 5—4）。二是在于庄企业做工的外来人口。在于庄企业做工的外来人口有两种情况，普通的工人和外聘来的工程技术人员。工程技术人员都来自大城市的纺织企业，他们的待遇和生活条件要好于普通工人。外来人口基本上不从事管理工作。于庄企业的高层管理岗位都是本村的主要村干部，中层管理岗位和关键科室的岗位也基本上都被本村的干部和村民占有（见表 5—5）。

不管是外地人，还是本地人，作为外来人口，他们缺乏参与于庄公共事务的途径，他们被排除在于庄的公共事务之外。在外来人口还没有形成一定规模的时候，他们不能通过组织形式表达自己的利益要求，也不能通过自己的舆论干预村庄的公共事务。他们来于庄的目的是获取经济利益。由于没有融入村庄，不能干预村庄的"政治"，他们成为被"村庄政治"边缘化了的群体。

表5—4　于庄街区经商人员分布表

区域	人数	百分比	经营内容
本村	128	63.1	服装、饭店、超市、副食批发、浴池、建材、煤球厂、电气焊、粮油门市部、粮食收购、饲料销售、医药代销等
本乡	52	25.6	超市、服装、蔬菜批发、家具、肉食批发、化肥销售、美容美发、音像图书等
本县	18	8.8	粮食收购、服装、烟酒副食批发、超市、饭店等
外县	5	2.5	化肥销售、面粉销售、美容美发

资料来源：根据笔者2006年8月份在于庄的田野调查资料整理。

表5—5　于庄颜春纺织集团公司职工来源分布表

	本村	%	本乡	%	本县	%	其他地区	%	合计
集团领导	4	100	0	0	0	0	0	0	4
分厂厂长	3	100	0	0	0	0	0	0	3
车间主任	10	83.3	2	16.7	0	0	0	0	12
质检	12	85.7	2	14.3	0	0	0	0	14
技术人员	24	70.6	3	8.8	1	2.9	6	17.6	34
科室	8	100	0	0	0	0	0	0	8
纺织厂工人	102	45.7	84	37.7	31	13.9	6	2.7	223
织布厂工人	121	43.0	120	42.7	36	12.8	4	1.4	281
印染厂工人	106	47.3	74	33.0	42	18.8	2	1.0	224
保卫处保安	2	8.3	4	16.7	6	25.0	12	50.0	24

资料来源：根据颜春纺织集团公司2005年人事统计资料整理而成。

对于于庄城镇化和环境问题，外来人口的态度是很无所谓的。因为于庄毕竟不是他们的家，他们只把于庄看作暂时的栖息地。但于庄的环境会影响他们在于庄的长远计划。下面几个具体的案例说明了上面的论点。

案例一：张德江是于庄北边张店村的支部书记，50岁，自己会木匠活，经常帮别人做家具，收取手工费作为自己的收入。张店村是个典型的农业村落，全村人基本以农业为主，农闲时间做点生意或外出打工。村里没有村办企业，也没有私营企业，只有两个作坊式的小型加工点。张店的村支书比于庄的村支书清闲得多，能够有时间和精力做点自己的事情。张店距离于庄3公里左右，陵宁公路在张店村的村东边经过，有一条200米左右的小柏油路把张店村和陵宁公路连接起来。从张店村到于庄的交通非常方便。

于庄的街区规划之后，沿街盖起了很多二层的楼房。张德江觉得在于庄租个楼房做家具生意挺方便的，这样可以自己当老板了。现在家具市场上卖的家具都是聚合板做的，尽管美观但不耐用。很多人想买实木的家具，但不好买。张德江自己做实木家具然后在自己租的房子里面展卖。

张德江觉得在于庄租房做生意挺适合自己的情况。张店村和于庄是一个乡，自己是张店村的支书，和乡里的税务、工商管理人员比较熟悉，有些事情好通融。张店到于庄的交通很方便，在于庄做生意既不耽误自己家里的农活，又不耽误处理村里的事务。于庄是乡政府驻地，又是集市所在地，在于庄开个家具店可以辐射全乡。

2003年，张德江通过在于庄的亲戚介绍，租了于江家的楼房，每月租金200元。于江家的楼房在陵宁路的西边，坐西向东，底三间上四间，院子里面是坐北朝南的三间平房。张德江租了于江家底层的三间楼房。家具生意是季节性很强的，一般在秋后农闲时节，农村结婚的较多，家具卖得多。除了房租和各种税费以外，张德江一年的收入在2万元左右。

张德江说，于庄的企业发展和城镇化也方便了周围的村庄，给周围村庄的村民带来了好处。他们村就有几个在于庄的企业做工的人。在于庄企业做工的都是些初中毕业或高中毕业没有继续升学的孩子。他们也不愿在家种地，再说村里的地也不多，一个人平均2亩地左右，在家也没有多少地可种。他们觉得到外地打工不如到于庄打工方便。村里也有到南方打工的人，没有技术和文凭到哪儿也挣不了多少钱。在于庄的纺织厂做工的女孩每月的工资在四五百元左右，工资不是很高，但在农忙的时候可以帮家里做些农活，这样实际算起来还是比出去打工合算的。如果在外面有好的工作，挣得钱多还是出去得好。

张德江说，如果在于庄没有做生意的机会，他也不会到县城租房子做生意。县城做家具生意的多，人家的规模也大，投资也多。自己到县城做生意的话肯定竞争不过人家。再说了，县城到张店的交通尽管方便，但到县城的距离较远。到县城做生意的话，家里的农活和村里的事务都不能处理好。自己目前还不想放弃种地专门做家具生意，乡里的书记和乡长也希望自己继续担任村里的书记，他也不好不做这个村支书了。对于做生意，他总觉得有风险。农民还是以土地为本的，有了地种粮食，富不了但也饿不着。于庄就他自己一家做家具生意，只要价格比县城的价格便宜点，就会有顾客。

他说作为一个村的支书来说很羡慕于庄的发展。自己村里想搞企业，但是各方面的条件都不具备。没有路子，没有资金，关键是没有人才。于庄以纺织为主的企业污染不算大，相比县里的造纸厂和化工厂的污染来说，于庄的这点污染算不了什么。可是自从于庄的纺织企业上了印染生产线后，情况就不一样了。造纸厂和化工厂的污染已经扩散到于庄了，于庄又自己造成内部污染。

他说作为支书很理解于庄于宏奎的处境。于庄的村民已经习惯了免交集资提留款和村里代缴公粮的做法，这一切都得益于于庄村办企业的发展。于宏奎已经成为乡里、县里的名人，政府给了他很多荣誉称号，只能前进不能后退。于庄上印染生产线是必然的选择，印染生产线的投产能给于庄带来更多的利润。对于于庄来说，在现在的基础上再上其他能赚钱的项目可能性不是很大。他也觉得，污染了土壤和地下水这是关系到千年万代的事情。为了现在能赚到钱，就是意识到潜在的危害，还是要干的。现实的利益总比潜在的利益实在些。

他也觉得于庄的环境越来越差了。在他们村还有很多人家用手压水井，村里没有打深水井给村民提供自来水，村民们觉得地下水还能喝，打深水井的要求不强烈。于庄就不行了，地下水受到了污染，有股铁锈味。村里打了深水井给村民免费提供自来水。

——根据访谈资料九整理

从上面的案例可以看出，于庄的发展为周边村庄的人口提供了务工和经商的机会。但作为外来人口，他们不会对于庄的环境问题采取任何的行动。另外，从一个外村党支部书记的角度更能理解于庄党支部书记的处境，也更能理解于庄上马印染生产线的深层社会原因。

案例二：刘超军和张丽是县毛纺厂的职工，有一个儿子。夫妻两个原来住在厂里的两间平房里，房改后，花1400元钱买得了房子的所有权。1998年，夫妻两个先后都下岗。下岗后夫妻两个在县城以贩卖蔬菜为生，早晨早早地到县城东面的蔬菜批发市场批发蔬菜，然后在县城里走街串巷卖蔬菜。收入和在工厂里上班差不多，但比在工厂里上班辛苦。

张丽在于庄有个表姑。张丽去表姑家的时候，看到于庄平时没有卖蔬菜的，觉得在于庄开个蔬菜店肯定不错。2002年，张丽通过表姑在于庄租了两间底层的楼房，一间卖菜，夜里的时候打个铺让儿子睡在那里，另一间夫妻两个住。儿子在于庄的小学读书，夫妻两个仍然是早晨早早起床到县城东边的蔬菜批发市场批发蔬菜，然后回来零售。

于庄村民平常都是赶集的时候买些蔬菜放着够吃几天的，知道家里来客人的时候就提前到县城买菜。刘超军和张丽开的蔬菜店，一方面方便了于庄村民的生活，可以随时买到新鲜的蔬菜。另一方面，夫妻两个的收入比在县城走街串巷地卖蔬菜多些，辛苦程度小些。

后来，又有两家蔬菜店开张营业。这给夫妻俩个的蔬菜店带来了挑战，但是他们的营业收入并没有减少。因为附近村子的村民也经常到于庄来买菜，顾客量不断增大。

在于庄做了几年买卖，夫妻俩个觉得自己并没有融入于庄这个村子，在于庄人的眼里，他们是外来人。每年的年三十上午一家三口都回刘超军的父母家去过年，年三十的中午饭一家人在一起吃，年三十的晚上，刘超军自己回来看家，老婆和孩子在父母家。年初一的早晨早早回家拜年，初二下午的时候一家人又都回于庄。初三的时候开始营业。现在过年和过去不同，村民很少在年前买很多蔬菜放着，一般都是来客人的时候现吃现买。按照于庄的传统，春节后从初三到正月十五是走亲戚的时节，家里有老人过世的在初二那天亲戚都来上坟。所以，春节过后的几天卖菜的生意还是旺季。刘超军说每年三十晚上自己在于庄的时候感到特别孤独，那种异乡人的感觉特别明显。

初三以后，夫妻俩个也会带着孩子到邻居家拜年，去表姑家拜年的时候，表姑都要留一家人吃饭。对于村里的婚丧嫁娶，他们也基本不参与。但是，邻居和房东家里有事的时候，他们会随一份礼做个表示。

他们尽管在于庄做生意，孩子在于庄读书，但他没有在于庄买房子的意思。他们说等到攒够了钱在县城买个商品楼，在县城居住没有外乡人的感觉，在于庄居住有强烈的外乡人的感觉。他们觉得于庄的环境越来越不好，县里的造纸厂和化工厂的污染已经殃及到于庄，于庄村南河里的水又黑又臭，冬天还好，夏天的时候，刮南风的时候臭味特大，在村里都能闻得到。农民用污染了的河水浇地，庄稼也被污染了。于庄的印染生产线投产后，加重了对于庄的污染。虽然说庄打了一眼深水井解决水的问题，但是谁能保证深水井里的水不被污染呢。相比县城自来水公司的水来说，于庄饮用水的质量还是有问题。夫妻俩个想着等孩子上初中的时候就回县城，让孩子在县城上中学。

刘超军说，于庄发展得比他老家好。他老家在离于庄10多公里的另一个乡的一个村子里。他老家都是以农为主，青年人基本上都外出打工。

——根据访谈资料十整理

从刘超军和张丽的例子可以看出，尽管在于庄做生意，但他们作为外来人口并没有融入于庄。他们并不太关心于庄的环境状况，更没有因为环境的恶化而抱怨什么，因为他们并没有把于庄当作他们赖以长期生存的地方。于庄与他们没有根本的利益关联，他们也不会为改善于庄的环境做些什么。

案例三：老柴是市化肥厂的销售员，老家是德州市郊区的。老柴在于庄有个表姐。通过表姐介绍，在于庄租了一栋二层的小楼，经销本厂生产的化肥。老柴租的小楼，根据经营的需要对门面进行了装修，装修的费用由双方共同承担。老柴和房东签了2年的合同，老柴又雇用房东做他的雇工，进货的时候负责帮着卸货，卖货的时候帮着装货。平常老柴不在的时候，帮着照看一下。老柴每月的房租是400元，雇佣房东每月400元。

老柴在于庄租房的原因是觉得于庄的房租便宜，而且在于庄设点经营化肥的不多，除了乡供销社经营以外，还有一家经营化肥的。老柴觉得自己的优势是厂家直销，经营的环节少，经营成本相对较低。由于化肥经营的季节性较强，在经营的旺季，老柴会住在于庄，平常淡季的时候由房东帮着照看一下，自己则回厂里去。

老柴觉得于庄的城镇化确实给于庄的村民带来了好处。普遍地说，于庄村民的居住面积和居住条件要好于他们厂的职工。在于庄，村民所用的自来水是免费的，他们厂里职工家庭用水是收费的。就收入来讲，他们厂的职工的月工资也就700多元，老柴以他的房东为例，房东的房租收入400元，并且于庄的房租有上涨的趋势。他雇用房东每月给400元工资，房东在村里的企业做工，每月还能收入500元左右。家里有四亩多地，基本上是自种自收，除了买化肥、农药和灌溉的成本外，不缴集资提留款，也不缴公粮。

老柴觉得于庄的环境越来越不好，于庄村南的河水已经被污染得很厉害了，农民还用这河水浇地。于庄自己的企业也造成了污染，印染生产线的投产使大量的污水没有经过净化处理就排放出去了，不但加重了于庄自身的污染，而且也把污染转移到了附近的村庄。于庄的地下水已经被污染。老柴买了饮水机，平常喝桶装的净化水。老柴觉得如果不采取措施适当控制的话，总有一天于庄的深井水也不能喝了。他觉得于庄上印染生产线的代价太大了，因为作为一个村庄，村民向外流动的少，一般的人家可能要世代居住在于庄。土壤和地下水污染了后，后代人怎么办呢。如果不上印染生产线，作为以纺织为主导的于庄企业就形不成规模效益。

——根据访谈资料十一整理

从上面的例子看出，于庄的城镇化确实提高了村民的收入水平和生活水平，但是于庄人的生活环境却在恶化。作为外来人员，觉得污染项目投产的环境代价太大。因为家不在于庄，所以于庄环境的好坏与他们没有太大的关系，但于庄的环境状况也直接影响了他们在于庄的生活方式。

案例四： 王工程师是天津纺织厂的退休工程师，退休后被于庄聘请来做技术顾问。村里对王工程师的待遇很好，给以较高的报酬，安排了条件较好的住所，老伴也和王工程师一块来于庄居住。王工程师的子女都已经成家立业，没有什么负担了。王工程师来于庄的目的，一是发挥余热，为于庄的企业发展做点贡献，二是找个环境较好的地方养老。

王工程师来于庄几年，眼见于庄的环境越来越差。在于庄的印染生产线的上马问题上，王工程师向村里提出建议，说印染生产的污染太厉害，如果不能有效处理污水的话，应该缓一缓再上马，等条件具备了再投产。王工程师的建议是科学的，村里的领导也明白，但他的建议不符合于庄经济发展的实际。只能采取先污染后治理的办法。

王工程师说他很理解村里领导的决策，等到再干一两年就回天津去，这样的环境越来越不适合居住。

——根据访谈资料十二整理

从上面的例子看出，王工程师的建议是科学的，但并没有被村领导采纳。现实的利益战胜了科学的理性。作为外来人口，于庄与他们没有根本的利益关联，面对日益恶化的环境只能采取逃避的办法。于庄环境的恶化改变了外来人口的生活预期。

于庄的城镇化为外来人口提供了商机和就业机会，但他们与于庄的利益联接是间接的和暂时性的。环境的污染对他们的影响也是暂时的，而非根本性的。当环境恶化不适宜生活的时候，他们可以选择离开于庄。由于缺少共同利益的联接，所以，外来人口不会由于环境问题而形成一种有影响的社会力量。

农业村落走向城镇化的过程是同质社会解体，市民社会逐渐形成的过程，也是由封闭到开放的过程。开放的村庄是包容和吸纳外来人口的，真正意义上的市民社会是包容外来人口，也把外来人口融入到市民社会中去的。

第六章

结论与理论探讨

根据前面第三章的论述，本研究把农村城镇化界定为，通过农村工业化将大量的农村人口转变为城镇人口，并获得城镇生活方式的过程。乡镇企业是农村工业化的组织载体。

我们可以这样表述环境问题，"人类的、为了人类的、由于人类的行为的结果所导致的自然的、物理的、化学的环境的变化或恶化，对其人类社会自身带来了各种各样不良的影响，这就是所谓的环境问题。"[①] 人类为了追求更好的生活，不断地利用自然环境，结果导致了环境问题的出现。本研究把环境问题界定为由于农村工业化和城镇化的发展而引起的环境变化或恶化的问题。这些问题的出现对居民产生了影响。农村城镇化产生的环境问题主要源于两个方面：一是人口聚集所引起的有机物生态循环系统的改变，二是农村工业生产活动的集中所引起的外部性。[②]

第一节 于庄的城镇化与环境问题

根据前面第四章和第五章的研究把于庄的城镇化和环境问题做一下总结。于庄的城镇化是典型的内生型城镇化。改革开放前，于庄是一个典型的农业村落，改革开放后，于庄乡镇企业的发展和地方政府的支持推动了这个古老农业村落的城镇化。城镇化之前，于庄的环境问题主要是由于物质资料的匮乏所产生的。在于庄城镇化的进程中，原有的由于物质资料匮乏引发的环境问题得到改善，同时却出现了人口集聚、噪音污染、水污染、建筑垃圾、城镇发展的线

---

① （日）饭岛伸子著. 环境社会学（包智明译）. 北京：社会科学文献出版社，1999，5.
② 陈柳钦. 农村城镇化进程中的环境保护问题探讨. 岭南学刊，2005，(5)：75～78.

性化等环境问题。

随着于庄乡镇企业的发展和城镇化的推进，于庄集聚了越来越多的外来人口，人口的增加使生活垃圾的处理成为问题，由于污水和垃圾处理设施建设不能满足人口急剧增长的需要，引发了一些环境问题。村里通过购置和更新新型垃圾处理设施以及建立环卫组织解决了这个问题。

于庄的城镇景观建设产生了大量的建筑垃圾。于庄的村民凭个人的力量无力解决建筑垃圾问题，于庄的村级组织在于庄的村界内也无法彻底解决这个问题。于庄的领导人请乡政府领导人出面解决。乡政府通过在各村之间进行协调，由各村的领导人出面帮助于庄解决了建筑垃圾问题。

于庄的噪音污染主要是由贯穿于庄的县际公路的来往机动车辆和村办企业的生产噪音产生的。于庄的村级组织通过一些技术性的措施解决了车辆夜间行驶产生的噪音污染问题。在于庄村办企业发展之初，企业生产噪音并没有遭到受害村民的抵制，受害村民也没有向村里提出搬迁要求。随着于庄城镇化的推进，沿街区宅基地的商业价值越来越大，沿街区的宅基地变得越来越紧张。利益的驱动使噪音污染区域的村民向村里提出搬迁的要求，大家都明白背后的真实动机是在沿街区的地方争取一块宅基地。村级组织借助于县环保部门的技术支持，根据国家噪音污染标准，解决了这一问题。国家权威性标准的介入为问题的解决提供了客观的标准，避免了不必要的麻烦和纠纷。

利益的驱动使于庄的城镇化发展出现了线性化的趋势，沿街区的宅基地日益紧张的同时，远离街区的房屋闲置越来越严重。耕地面积随着城镇化的推进而不断减少。

水污染是于庄最严重的环境问题。县化工厂和造纸厂的工业废水污染转移已经影响到于庄的农田灌溉和村民饮水安全，于庄印染生产线的投产又进一步加剧了于庄的水污染，并且随着生产规模的扩大，于庄的工业废水污染殃及附近村庄。为什么在大家都知道印染生产线的投产会造成严重污染的情况下，印染生产线依然投产？在于庄当时的经济环境中，从经济效益的角度看，进一步促进于庄经济发展的投资项目最可行的就是上马印染生产线，印染生产线的投产可以实现以棉花加工为主的企业生产的集团化，提高企业的经济效益。利益的驱动和村庄城镇化进一步发展的需要最终使得污染严重的生产项目投产。

在国家以经济建设为中心的政策导向下，实现农村工业化和推进农村城镇化成为政府的偏好。乡镇企业的发展和城镇化的推进符合地方政府、村级组织和村民的经济利益要求。地方政府和职能部门的地方保护主义为于庄印染生产线的投产和生产提供了便利条件。企业的发展和城镇化的推进为于庄村级组织的领导人和村民带来了份额不同的利益。于庄村级组织的领导人在企业发展和城镇化的推进过程中不但得到了经济上的利益，而且也获得了政治上的利益。村民也因企业发展和城镇化的推进而获得单纯依靠农业生产所不能获得的经济利益。同时，环境的污染和恶化对于庄的干部和村民及他们的子女也产生了不同的影响。

通过以上对于庄城镇化和环境问题的总结，从技术层面上看，城镇化解决了一些农业村落所固有的环境问题，改善了村民的居住条件，提高了村民的生活质量，同时引发出一些新的主要是由于人口集聚和农村工业化所产生的环境问题。以农村工业化为动力的城镇化引发了一个环境悖论，即村民物质生活水平的提高与周围生活环境恶化之间的悖论。从现象上看，于庄的环境问题与于庄的城镇化有着必然的联系，是城镇化的推进产生了一系列新的环境问题。于庄在城镇化进程中产生的环境问题，通过地方政府和村级组织的努力，得到了不同程度的解决。但印染生产线的投产所产生的环境问题已经超出了村级组织的解决能力，地方政府和职能部门基于自身利益和环境污染的博弈所产生的暧昧态度，在一定程度上保护了印染生产线的投产和生产的进行。从长远来说，于庄的村民是环境问题的最大受害者。但对于污染项目的投产，尽管在村民当中存在着不同的意见，但并没有给予充分的重视。

农村城镇化与环境问题的关系较为复杂。关于农村城镇化是否必然造成环境问题，理论界有两种不同的观点，一种观点认为农村城镇化造成了环境的恶化，另一种观点认为农村城镇化并不必然地造成环境的恶化。长期以来，理论界普遍认为，城镇化在很大程度上带来了生态环境的破坏。这一理论的中心点是，随着农村人口大规模积聚或涌入城市，出现了环境破坏加剧，污染严重等问题。其实这种观点不具有普遍性，从现代化的历程来看，"乡村病"对生态环境的破坏并不亚于城镇化所带来的"城市病"。当农民把满足生存需要的一切希望寄托在农业生产上的时候，为了满足不断增长的对基本生活资料的需求，只有向大自然直接开战，最终造成生态环境的恶化。李明秀对贵州民族地区生态安全的研究[1]和久玉林对西部地区生态环境问题的研究[2]证明了农村城

---

① 李明秀. 城镇化与贵州民族地区生态环境安全. 贵州民族研究. 2003，(2)：96～101.

② 久玉林. 城镇化—西部地区生态环境治理与恢复的有效途径. 安徽农学通报，2003，(9).

镇化对于农村生态环境的改善。当然，这是通过对西部地区的研究得出的结论，具有一定的地域局限性。姜爱林的研究①认为，大量的事实表明，加速城镇化发展并不必然地导致城镇生态环境的恶化。只要坚持生态环境基本国策和走可持续发展的路子，城镇生态环境非但不会遭到破坏和损失，反而会有助于城镇生态环境建设。

对于庄的研究发现，随着于庄城镇化的推进，于庄的生态环境在恶化。于庄的城镇化在使原有物质匮乏时代的环境问题得到解决的同时，又产生了工业化时代新的环境问题。新产生的环境问题的致害程度远远超过了物质匮乏时期所产生的环境问题的危害。问题是，为什么在推进城镇化的进程中，国家提出的科学发展观和可持续发展的战略不能得到落实？

环境库兹涅茨曲线和史奈伯格的"政治经济学的解释"模式试图探求经济发展水平与环境问题的规律性关系。这两种解释模式从宏观上描述了经济发展水平与环境问题的关系，对农村城镇化与环境问题的关系具有部分的解释力。

第二节　关于农村城镇化与环境问题关系的解释

一、环境库兹涅茨曲线假说

经济学家库兹涅茨在 20 世纪 50 年代提出了一个假说。在经济发展过程中，收入差距先扩大再缩小，这一收入不平均和人均收入之间的倒 U 型关系被称为库兹涅茨曲线。环境经济学家用此来解释经济发展和环境污染的关系，提出了环境库兹涅茨曲线假说。该假说认为，在经济发展的较低阶段，环境污染的水平较低；在经济起飞阶段，环境恶化；在经济发展的更高阶段，经济结构调整，污染产业停止或转移，有经济实力来治理环境污染，环境状况改善，形成一个倒 U 型曲线。环境库兹涅茨曲线试图描述经济发展与环境问题之间的关系。如果没有一定的环境政策干预，一个国家的环境质量在经济发展初期随着国民收入的增加而恶化或加剧；当经济发展达到较高水平时，环境质量开始保持平稳，随着经济进一步发展而好转。

---

① 姜爱林.城镇化发展与城镇生态环境建设研究.厦门特区党校学报，2001，(4).

　　进一步扩展这一假说的解释范围，认为农村城镇化与环境之间也存在类似的关系。根据库兹涅茨环境曲线，初级阶段的城镇化，经济发展是以粗放型经济发展方式为主，使得小城镇的环境污染与经济规模呈同步增长之势。根据对多个全国试点小城镇 1999 年截面数据的分析，环境库兹涅茨曲线显示了小城镇的环境污染与经济增长之间存在倒 U 型的发展规律。[1] 建国 50 多年来，我国城镇化的发展水平处于初级阶段（见表 6—1）。从在全国所处的位置上看，2000 年于庄所属山东省城镇化率达 38%，处于我国城镇化的中期阶段（见表3—2）。这样看来，环境库兹涅茨曲线对于庄的城镇化与环境问题的关系有一定的解释力。

　　其实，库兹涅茨曲线并不说明经济发展水平和某些环境因子存在着一种必然的关系。库兹涅茨曲线及其转折点的估计值，仅仅是建立在若干跨国数据和时间序列数据上的对经验数据的描述，而不能以此用于预测。[2] 而且，环境质量的改善并不会自动发生，它有赖于环保意识的提高、环境政策的实施和技术进步的支持。一个国家环境政策的实施可能带来大大优于（或劣于）处于同样收入水平国家的环境条件。[3]

表 6—1　新中国成立 50 多年的城镇化水平

年份	城镇化水平%	年份	城镇化水平%
1952	12. 46	1980	19. 39
1957	15. 39	1985	23. 71
1962	17. 33	1990	26. 41
1965	17. 98	1995	29. 04
1970	17. 38	1998	30. 40
1975	17. 34	2000	36. 09
1978	17. 92	2001	37. 60

　　注：根据前面第一章的数据，2002 年世界高收入国家城镇化率平均为 75%，中等收入国家为 62%，低收入国家为 30%。中国作为中低收入国家，城镇化率尚未达到 40%。

　　环境库兹涅茨曲线从总体上描述了农村城镇化与环境问题之间的关系，试

---

　　① 杨家栋，秦兴方，单宜虎. 农村城镇化与生态安全. 北京：社会科学文献出版社，2005，67 ~68.

　　② 洪大用. 当代中国环境问题. 教学与研究，1999，(8)：42 ~46.

　　③ 胡大源. 处在经济发展与环境改善之间的政府政策选择. 国际经济评论，1999，(3)：25 ~27.

图揭示经济发展水平与环境问题之间的规律性。但是，环境库兹涅茨曲线并没有注意到社会体制以及社会力量对环境问题的影响。对于庄的研究表明，作为既是乡镇企业发展和城镇化的受益者又是环境问题受害者的村民没有成长为独立于村级组织的社会力量，不能通过社会舆论等手段对村级组织的决策施加影响，导致污染严重的生产项目投产。这是导致于庄环境进一步恶化的主要社会原因。

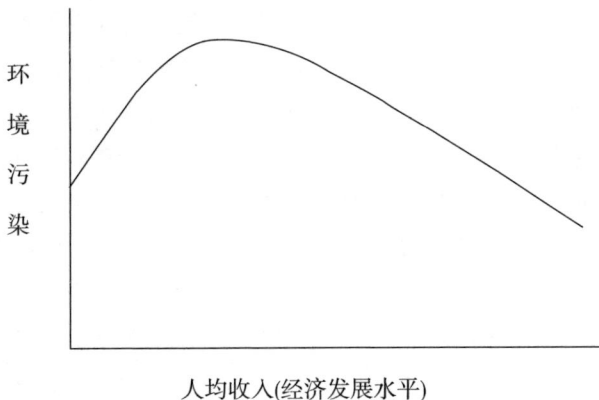

图 6—1　环境库兹涅茨曲线

二、史奈伯格的"政治经济学的解释模式"

史奈伯格关于环境问题的解释模式被称为"政治经济学的解释"模式，该模式关注的主要问题是环境衰退的社会根源是什么？究竟谁应该对环境破坏负责？其理论内核是预设"环境与社会的辩证关系"以及提出"生产的传动机制"概念。① 按照史奈伯格的观点，经济增长是一种社会需要，生态环境破坏是经济增长的必然结果。社会与环境的辩证关系是以下三项关键性力量相互作用的结果。1. 社会的经济扩张必然要求从环境中开采原料。2. 环境开采物的增加不可避免地造成生态问题。3. 这些生态问题为以后的经济扩张设下潜在的限制。

社会与环境的辩证关系导致史奈伯格所说的三个合题：经济的合题；有计划匮乏的合题；生态的合题。

经济的合题，就是通过最大限度地追求经济增长以解决经济扩张与生态破

---

① 洪大用．西方环境社会学研究．社会学研究，1992，（2）：83~96.

坏之间的对立关系，这是环境问题日趋严重的根本原因。有计划匮乏的合题，就是在维持或达到适度经济扩张的同时，只注意处理某些最严重的环境问题，这在根本上无助于解决环境问题。生态的合题，就是通过严格限制或放慢经济扩张，仅仅利用可再生资源维持生产与消费，这是解决环境问题的根本途径。但是由于存在生产的传动机制，所谓生态的合题只是一种假想，最好的情形也只不过是有计划匮乏的合题，实际上经常出现的是经济的合题。史奈伯格在分析发达国家环境问题的时候认为，生产传动机制的原动力在于垄断部门资本日益增大的支配作用。垄断部门为了获取高额利润往往投资于资本高度密集的企业，由此引起的其他社会问题则完全由国家来承担。国家为了获取财政资源，增加其合法性，又不得不促进垄断部门的发展。这样，在国家与垄断部门之间形成一种合作关系，强化了经济扩张。虽然会偶尔对环境问题给予必要的关注，但是环境状况最终仍然是不断恶化。史奈伯格把生产的传动机制运用到第三世界国家的环境问题中。他认为在第三世界国家中，政府对经济扩张的欲望更为强烈，由此导致的经济合题是第三世界环境状况恶化的根源。

和环境库兹涅茨曲线不同的是，史奈伯格的解释模式强调了国家对经济的扩张欲望导致环境状况的恶化。根据本研究的"国家——社会"理论分析框架，史奈伯格的解释模式也没有注意到社会力量作为一个重要的变量在解决环境问题中的作用。通过对于庄的研究发现，在国家发展经济和推进农村城镇化的政策导向中，村级组织通过发展企业和推进城镇化而发展村庄集体经济的做法是导致环境问题的直接原因。在农村城镇化进程中市民社会的缺失，是环境状况恶化的社会根源。

第三节　一种解释视角：市民社会与农村城镇化中的环境问题

随着可持续发展战略的实施，人们对环境问题的认识已经从单纯的技术层面扩展到宏观经济层面和社会文化层面。洪大用认为，当代中国的社会转型对于当代中国的环境状况是一个很有解释力的变量。以社会学的理论和方法对环境与社会的关系开展研究，目的在于理解环境问题背后的深层社会原因。

一、农村城镇化与环境问题中的不同利益群体

在农村城镇化过程中，环境问题上的共同利益，更多地表现为强势群体的利益。"共同目标"的名义掩盖着利益主体的差异性。在现实生活中并不存在相对于所有人的环境问题，"所谓的环境问题，对于不同的人群有不同的影响，这当中，一部分人是受害者，但也存在着一部分受益的人。"① 台湾学者纪俊杰也指出："我们没有共同的未来。"②

不同受益群体在分享利益时，所获得的份额和利益数量不同。不同等级受益群体对环境问题和环境状态的认识、态度和行为有所不同。获益最多的受益群体最想维持现状，获益最少的受益群体对维持现状没有多大的热情。环境问题受益者只是暂时的，一时一地临时获益或盲目偶尔地获益，不可能永远地获益。受益者所获得的利益、权力、机会和有利位置会被环境问题危害侵蚀而逐步消失。③

在一般情况下，受益群体始终存在着有组织的利益代表者，而受害群体往往没有有组织的利益代表者，其受损利益无人代表。所以说，"环境问题的真正原因是社会关系和社会结构的非正义性。"④ 正是在这个意义上，R·Bullard 指出："环境问题若不与社会正义联系起来便不会得到有效的解决。"⑤

运用"国家—社会"的理论分析框架，把农村城镇化与环境问题的社会行动者分为国家政权、县乡政府、村级组织、村民和外来人口。对一个村庄来说，村级组织的干部和村民并不存在环境问题上的共同利益，村干部获得的利益多于村民获得的利益。从长远来说，村民是环境问题的最大受害群体。但在国家推进农村城镇化的潮流中，作为村级组织对上级政府做一个成功的汇报始终比给群众一个满意的说法要远为重要。⑥

---

① 洪大用. 社会变迁与环境问题. 北京：首都师范大学出版社，2001，242.

② 纪俊杰. 我们没有共同的未来：西方主流"环保"关怀的政治经济学. 台湾社会研究季刊，1998，(31)：141.

③ 太晓霖，洪尚群. 环境问题中受害者和受益者关系动态初步分析. 云南环境科学，2002，(4)：8~11.

④ 李培超. 论环境伦理学的"代内正义"的基本意蕴. 伦理学研究，2002，（试刊号）：51~54.

⑤ R·Bullard. *Enviromental Racism and the Enviromental Justice Movement* [A] C. Merchant. Sociology, key: *Concept in critical theory*. New Jersey Humanities Press, 1994, 154.

⑥ 清华大学社会学系. 清华社会学评论特辑. 福建：鹭江出版社，2000.

二、市民社会①的缺位和公共领域②的缺失

农村城镇化的实质就是通过工业化将大量的农村人口转变为城镇人口，并获得城镇生活方式的过程。在农村城镇化过程中，农民的职业结构、收入结构和生活方式等发生了变化。但由于以乡镇企业为组织载体的工业化和城镇化与市场经济发展的不同步，同质性较强的农民社会还没有转变为异质性较强的市民社会，还没有形成可以自由表达意志并且对政府和村级组织的决策有影响的公共领域，出现了市民社会缺位和公共领域缺失的现象。环境库兹涅茨曲线和史奈伯格"政治经济学的解释"模式从宏观上解释了经济发展水平和环境问题的关系，没有注意到经济发展和市民社会形成的不同步所造成的市民社会的缺位和公共领域的缺失也是影响环境问题的一个重要变量。对于庄的个案研究证实了市民社会的缺位和公共领域的缺失是城镇化与环境问题的一个重要社会根源。目前，在国家以经济建设为中心的政策导向中，经济指标成为评判各级政府和村级组织领导人政绩的主要标准。处在城镇化进程中的农村社会，仍然是一种强政府、弱社会的格局。逐渐成长为市民的农民还无力组织起来对政府的政策和行政行为施加影响。

通过对于庄的研究发现，随着乡镇企业的发展和城镇化的推进，于庄村民的职业结构、收入结构等各项反映生活水平的指标向城市市民逼近，农村景观逐渐转化为城镇景观。市场经济的发展，使村庄由封闭走向开放，同质社会渐渐解体，包容和吸纳外来人口的异质社会逐渐形成。但是市场经济的发展和市民社会的成长并不是同步的，市民社会的形成滞后于经济发展的水平。市场经

---

① 注：市民社会是一个源自西方历史经验的概念，大致经历了三个发展阶段：古典市民社会概念——现代市民社会概念——当代市民社会概念。这一概念最早可以追溯到亚里士多德，用来指称古希腊的城邦社会和政治国家。古罗马的政治理论家西塞罗进一步明确了市民社会的涵义，用来指称城市文明共同体。黑格尔在《法哲学原理》中对政治国家和市民社会进行了明确区分，现代意义上的市民社会概念由此开始。马克思扬弃了黑格尔，进一步深化了市民社会理论，把市民社会规约为经济关系。葛兰西将市民社会的理解角度从经济交往领域转向了社会文化领域，将经济领域从市民社会中排除。哈贝马斯认为市民社会是一种随资本主义经济发展而形成，独立于政治国家权力之外的"私人自治领域"，它自身又包括"私人领域"和"公共领域"两个部分。我国学者基本上是沿袭了马克思的市民社会理论。

② 注：汉娜·阿伦特把人的活动分为三种：劳动、工作和行动。前两种基本属于私人领域，后一种属于私人领域。哈贝马斯对公共领域的研究限定在一个理想范型——资产阶级公共领域，把公共领域理解为介于公共权力领域与私人领域之间的一块中间地带。与欧洲的公共领域不同，中国的公共领域主要出于政府和社会关系的发展。就社会结构而言，它是介于国家与社会之间并对二者进行调停的领域；就目的而言，它是借此形成公共舆论，把社会声音传达给国家。

济的发展为市民社会的成长奠定了物质基础，市民社会的成长是一个漫长的
过程。

马克思用唯物史观分析了由农民社会到市民社会的发展过程。马克思首先
分析了小农阶级的劣根性。他指出："各个小农彼此之间只存在地域的联系，
形成政治组织，就这一点而言，他们又不是一个阶级。因此，他们不能以自己
的名义来保护自己的阶级利益，无论通过议会或通过国民工会。他们不能代表
自己，一定要别人代表他们。他们的代表一定要同时是他们的主宰，是高高站
在他们上面的权威，是不受限制的政府权力，……所以，归根到底，小农的政
治影响表现为行政权支配社会。"①

中国是一个农业大国，小农意识根深蒂固，血缘家族观念深厚。中国社会
是个以"己"为中心的，由私人关系网络构成的"差序格局"的社会，社会
成员具有很强的同质性，他们互相隔绝，彼此间缺乏团结与互动，缺乏集体意
识和凝聚力，很难甚至不可能联合起来形成一定规模的组织，缺乏对国家强权
的抵抗能力。

由农民社会到市民社会是生产力发展的结果。马克思认为市民社会是生产
力发展到一定阶段的产物，"市民社会包括各个人在生产力发展的一定阶段上
的一切物质交往，它包括该阶段的整个商业生活和工业生活"，② 并且"在生
产、交换和消费发展的一定阶段上，就会有一定的社会制度、一定的家庭、等
级或阶级组织，一句话，就会有一定的市民社会"，③ 马克思从经济关系的角
度研究市民社会，他指出"市民社会这一名称始终标志着直接从生产和交往
中发展起来的社会组织"④。"市民社会得以兴起的最深刻根源，就是以市场为
取向的经济体制改革和社会主义市场经济的发展。在今天，市民社会作为一个
可欲的目标，它的达成仍然不能离开发展市场经济这个基础。"⑤ "在向市场经
济的过渡中，人们的利益逐渐变得多元化。而在多元化利益的基础上，人们在
社会生活中的自主性要求逐渐地发展起来。"⑥ 市场经济促使同质性强的社会
解体，使个人主体性得以显现，大量的民间组织产生。市场经济培育着市民社

① 马克思恩格斯选集（第1卷）．北京：人民出版社，1995，677~678．
② 马克思恩格斯选集（第1卷）．北京：人民出版社，1972，130．
③ 马克思恩格斯全集（第27卷）．北京：人民出版社，1972，427．
④ 马克思恩格斯选集（第1卷）．北京：人民出版社，1995，131．
⑤ 郁建兴．社会主义市民社会的当代可能性．文史哲，2003，（1）．
⑥ 李景鹏．走向现代化中的国家与社会．学习与探索，1999，（3）．

会主体的现代意识，塑造着市民社会的意识形态。利益观、自由观和民主法制观成为市民社会主体的重要特质。

"公共领域"是市民社会特有的、由私人集合而成的公众的领域，在这一公开的场合，人们就一些共同关心的问题展开讨论，并将一些要求反映至国家权力部门。在哈贝马斯的理论中，现代公共领域指的是"我们的社会生活的一个领域，在这个领域中，像公共意见这样的事物能够形成。公共领域原则上向所有公民开放，公共领域的一部分由各种对话构成，在这些对话中，作为私人的人们来到一起，形成了公众。那时，他们既不是作为商业或专业人士来处理私人行为，也不是作为合法团体接受国家官僚机构的法律规章的规约。当他们在非强制的情况下处理普遍利益问题时，公民们作为一个群体来行动；因此，这种行动具有这样的保障，即他们可以自由地集合和组合，可以自由地表达和公开他们的意见"①。也就是说，在这个领域中，借助公共领域的力量能够解决许多政府力量和市场力量不能得到妥善解决的问题。公共领域借助自身的力量，可以通过对话、协商和讨价还价的方式来解决社会不同利益主体之间的利益纠纷和争端。"在公共领域中，整个社会通过公共媒体交换意见，从而对问题产生质疑或形成共识。"是借此形成公共舆论，把社会声音传达给国家。中国公共领域主要出于政府和社会关系的发展，其特点主要体现在地方精英对社会公共事务的管理上。②

在中国传统文化中，权利意识是缺失的。"集体权利—个人义务"模式③在中国乡村社会还发挥着潜在的作用。孙中山、梁漱溟和林语堂等人在研究中国文化的时候，都曾指出中国文化的一个重要特征是缺乏公共意识。梁启超和梁漱溟等人认为，传统中国人是重家族、轻团体和个人的，同时，家庭以外的团体、国家等组织形态又不发达，这就导致了人的公共意识的匮乏。④ 置身于公共领域中，市民关注公共事务的能力将得到提升，市民的公共精神和公共美德得以养成。

建国后由于社会与国家的高度融合，经济上实行的是计划经济体制，政治

---

① （德）尤根哈贝马斯. 公共领域. 见：汪晖，陈燕谷，主编：文化与公共性. 北京：三联书店，1998，125~126.

② 余新忠. 中国民间力量与公共领域—近年中美关于市民社会研究的回顾与思考. 学习与探索，1999，(4)：118~119.

③ 夏勇. 人权概念起源. 北京：中国政法大学出版社，1992.

④ 参见梁漱溟. 中国文化要义. 上海：学林出版社，1987，孙苏主编. 论中国人现象. 郑州：河南人民出版社，1992.

上也是一种党政不分、政企不分的高度集中的政治体制，公共领域作为一个独立的批判空间逐渐消失。20世纪70年代末奉行改革开放政策以来，实施了以家庭联产承包责任制为代表的一系列经济体制改革，公共领域重新发育和发展。但公共领域赖以生存的土壤——市民社会还不够强大。新中国成立后，在集体化时代，农民成了人民公社的社员，社员对集体经济组织在经济和人身上的依附决定了其公共参与权利的有效性，法律规定的"社员"参与集体经济组织决策和管理的一切"权利"是一种虚拟的权利。实行家庭联产承包责任制后，农民成了"村民"，获得了经济上的自由。在此基础上，公共参与也就成了村民在事实上可能实现的一项法定权利。[1] 但"政府还保留着相当大的传统权力和来自传统权力的巨大惯性，保持着干预经济和社会生活的巨大力量"[2] 市场经济赋予的市民社会独立性品格不明显。公共领域仍然存在许多问题和局限性。一是缺乏社会关怀精神，二是缺乏批判性和独立性。独立性的欠缺导致中国公共领域批判性的匮乏。

根据国际经验，一个国家的环保搞得好不好跟国民是否支持、监督有很大的关系。也就是说，环保不仅是政府行为，老百姓的参与也很重要。对民间环保与政府的关系，梁从诫做了这样一个生动的比喻："要把环保工作做好，就像在一个人口众多的大家庭里，如果只有家庭主妇在维持清洁，而全家老少都只管糟蹋，不管收拾，主妇纵使三头六臂也是无能为力的，何况主妇也会有因不称职、不尽职而需要监督和批评的时候呢？"[3] 1995年4月12日，国务委员兼国家科委主任宋健在中日环境研讨会上指出，做好环境保护最伟大的力量在于民众之中。

在以农村工业化为支撑的农村城镇化过程中，环境问题的出现不单纯的是技术层面的原因和制度层面的原因，也有社会政治文化层面的原因。随着市场经济的发展，通过农村城镇化把农民社会培育成真正意义上的市民社会，形成强有力的公共领域，发挥公共舆论的监督和制约作用，这是解决农村城镇化过程中环境问题的一种根本途径。公民环境意识的薄弱只是一种外在的表象，其实质是市民社会发育不成熟的表现。市民社会的形成不是一个自发的过程，必须借助国家这一外在动力建构。国家在建构市民社会过程中出现的"权力悖

---

① 参见于建嵘. 岳村政治. 北京：商务印书馆，2001，399.
② 李景鹏. 走向现代化中的国家与社会. 学习与探索，1999，(3).
③ 《瞭望》新闻周刊. 1996，(11)：34～35.

论"和"权威悖论"也滞缓了市民社会的形成。

本研究通过对于庄的研究，结合马克思关于市民社会的论述及哈贝马斯关于公共领域的理论和我国学者的研究成果，认为由于农村城镇化过程中经济发展与市民社会形成的不同步性所产生的市民社会的缺位和公共领域的缺失是农村城镇化中环境问题的重要社会根源。

第四节　结　语

通过对于庄田野资料的描述和理论探讨，可以做如下的总结：

首先，农村城镇化是一个通过农村工业化催化的人口集聚过程。由于存在着以单纯追求经济增长为目标的倾向，从而在提高社会生产力和农民生活水平的同时，不得不承受由于片面追求经济增长所带来的代价，不可避免地会出现一些环境问题。

其次，环境问题实质是利益问题。环境的恶化是利益各方博弈的结果，以牺牲环境为代价所获取的利益不是按照均等的原则分配的，不同受益群体所获取的利益是不同的。从长远来看，环境问题的受益者不可能永远地获益，受益者所获取的利益会被环境问题危害侵蚀而消失。面对环境问题的危害，不同社会群体所承担的后果是有差异的。没有纯粹环境问题的受益者，但是有纯粹的环境问题的受害者。一般情况下，受益群体都有自己的代表者，受害群体往往没有自己的代表者。就一个城镇化中的农业村落而言，人数较少的村干部所获得的利益远远大于人数众多的村民，村民在城镇化中也获取了利益。从最终的结果来看，人类自身都是环境问题的受害者，差别就在于受害的程度和时间的早晚。坚持科学发展观和可持续发展战略是惠及所有群体的方略。

第三，按照"国家—社会"的理论分析框架，社会行动者各方可以分为：县以上国家政权，县乡两级政权，村级组织，村民和外来人员。乡镇政府是国家最基层的政权组织，代表国家对乡村社会进行管理。乡镇政府的行动特点是集履行职能与获取自身利益为一体，国家的法律、制度和政策要经过自身利益的过滤才能到达村落社会。村级组织和村办企业也都具有明显的"乡土特征"，出现"村企同构"的现象。村办企业具有"经济人"的理性，总是以实现自身利益的最大化为基本目标，压缩环保方面的投资，从而导致环境行为的"市场失灵"。政府及其职能部门作为环境管理者力图通过法律及政策等环境管理手段来弥补环境保护中"市场失灵"的缺陷，然而由于政府公共性的限度，导致政府环境行为的非公共性，从而产生环境保护的另一种缺陷"政府失灵"。弥补"市场失灵"和"政府失灵"的办法只能是依靠社会力量。随着农村城镇化的推进，由农民社会成长起来的市民社会是环境保护的主要力量。

第四，环境库兹涅茨曲线和史奈伯格"政治经济学解释"模式都可以部分地解释中国农村城镇化中的环境问题。洪大用提出用社会转型作为一个变量来解释环境问题，对本研究颇有启发。中国农村城镇化中的环境问题，源于以农村工业化为支撑和原动力的城镇化与市场经济发展的不同步。中国农村城镇化在城镇景观建设和经济指标方面可能发展得较快，但是作为城镇化主体的农民要成长为具有批判精神和较高法制意识、环境意识的市民，还要经过较长的一段时间。市场经济的发展是市民社会成长的物质前提，市民社会是公共领域的基础，公共领域的特征是公共舆论。成长为市民的农民可以通过公共舆论对环境政策及实践施加影响。农民社会是听命于国家的法律和政策，并且还要经过层层利益的过滤。市民社会是利用国家的法律和政策来维护社会的利益。

第五，国家推动的农村城镇化为市民社会的形成提供了物质条件，但市民社会的形成不是一个完全自发的过程，必须借助国家力量建构。国家在建构市民社会的过程中形成了"权力悖论"和"权威悖论"，即国家自觉建构市民社会的过程也就是自身权力受制约和部分权威丧失的过程。在强国家、弱社会的格局中，这种现实悖论的存在滞缓了农村城镇化过程中市民社会的形成。

第六，市民社会的形成是一个漫长的过程，在现实的层面上，国家应该合理使用经济手段，加强环境生态法制建设。以此杜绝在城镇化中因"地方保护主义""部门利益"，而把保护生态环境的职责完全推向社会的不良行为。因此，完善环境立法体系，加强环境执法，对于环境问题的解决具有重要的作用。

附　录

典型个案访谈记录

访谈资料一

于宏奎，男，62岁，于庄村党支部书记，高中文化程度

我是1944年6月出生。高中毕业后，在家种地，冬天的时候给生产队放羊。1974年秋天，老支书由于年龄大了，再加上身体状况不好，决定辞去支书的职务。老支书觉得我还能干，又是村里为数不多的高中生，就有意培养我做他的接班人。我1974年春天入党，秋天就担任村支书。我上任后针对村里盐碱地多，水浇条件差的情况，带领群众兴修水利，打井挖渠，改造盐碱地，改善了生产条件，提高了粮食产量，基本解决了温饱问题。在实践中我认识到，没有强大的集体经济为群众办不了大事，单靠人均一亩耕地群众富裕不了，要想富搞工副。1979年，我和支部一班人想方设法筹集资金5万元，开办了一处电动磨房。一年下来，营利2万多元。1984年全县棉花大丰收，总产超过百万担。我和支部一班人审时度势，抓住机遇，当机立断，利用三个月的时间建成了榨油厂，当年营利3.4万元。到1986年底全村公共积累资金已达200多万元。1987年春节刚过，我就到外地参观学习。通过考察学习，我看到了不足，看到了与发达地区的差距。回村的当天晚上，我就召集村干部、党员和部分村民，召开了支部扩大会议，决定上一个织布厂。经过半年的不懈努力，一个16台织机的织布厂于当年的7月份建成投产，当年营利10.4万元。1988年又增添了42台织机。1989年又增添了34台织机。当年又投资180万元盖了5栋锯齿厂房，新上了锅炉，打了深井，上起了整经机、浆纱机、槽筒机等设备，实现了整经、浆纱、织布一条龙生产。到1993年公共积累已达800万元。从1989年到1993年，市场一直疲软，企业在低谷徘徊，但是逆境锻炼人。在低谷运作中我走南闯北，见了世面，开了眼界，结识了能人，积累了无形的资本。1994年，我又抓住机遇投资468万元上了一条印染生产线，成立了德州明星纺织印染厂，使原有企业不仅能整经、浆、织而且能染。产品

的深加工给企业带来了更丰厚的经济效益。1999 年，我和其他村干部多方筹资 1500 万元，新上了 15000 纱锭的纺纱厂，成立了颜春集团。经过近几年的不断完善，目前，纺纱厂规模已经达到了 30000 纱锭，拥有 2 台气流纺，200 台织机，一套印染流水线。集团资产总额达到 5500 万元，拥有员工 980 人，高级工程师、工程师达 30 多人。2002 年，集团实现产值 6500 万元，利税 500 万元，全村平均收入突破 4000 元。

从建织布厂起，我就落下了一个"病根"，晚上总睡不踏实，心里总挂着厂里的事。后来，我索性把铺盖搬到了厂里。有人开玩笑说我的精力充沛得像有两个大脑，年轻人也比不过我。每天我最早一个起床，最后一个熄灯。十几年来，我没在家过一个像样的团圆年，总是让其他人回家过年，自己值班。1986 年除夕，我查看棉垛，发现温度偏高。初一早晨顾不得吃饺子，我就召集全体党员干部翻垛倒垛，一直十多天没睡一个囫囵觉，棉花没有受损失，可我实在撑不住了，住进了医院。这几年，由于年龄大了，身体又有病，当年下井干活时落下的老寒腿病根时不时就犯。近几年又新添了冠心病。所以，工作太劳累了有些吃不消。我就让医生到我办公室的床上给我打针，我一边打针一边安排工作。医生让我卧床休息，可一工作起来，医生的话就忘在了一边。

说实话，有付出就有回报。这几年没有白忙活。咱们村的企业已经被命名为国家中型二档企业，省重合同守信用单位，省 AA 级信用企业。咱们村的企业前几年就已经进入市民营企业 50 强行列。咱们村也被命名为省发展经济强村。党和政府对咱也不薄，咱们村发展到今天成绩不光是我个人的，但是党和政府给的荣誉都记在了我身上。我连续当选为省第七、八、九届人大代表。1989 年和 1990 年分别当选为省乡镇企业优秀厂长，省模范共产党员，省优秀党务工作者，市县两级十佳公仆。2002 年我又当选为德州市人大代表。现在任县人大常委、兼任乡党委副书记。

我常说一句话，咱是全村人的家长，村里的老少爷们都在盯着咱呢！可不能让人家背地戳脊梁啊。人都是这样，你对他好，他就对你好。你对群众好，群众就对你好，办起事情来群众才给你面子。如果大家都不给你面子，你这个支书怎么当呀。

我这个人很讲情谊，我做事情的第一个原则就是对得起自己的良心。乡中学的王金香老师是我上初中时的班主任老师。王老师是外地人，无儿无女。1976 年，王老师去世后，师母就在村里住下了。1985 年师母患脑血管病。我在医院里守了几天几夜。后来,师母瘫痪在床,生活不能自理。我把师母接到企业的宿舍里,安排咱村的小兰子专门伺候她。我觉得小兰子人挺可靠的,又是党员,所以,就安排她专门伺候师母。师母的生活费和医药费全部由集体承担。每年大年三十,我都带党支部和村委会的人给师母包饺子。初一早晨,再为师母煮饺子,并祭拜王老师。师母说我是她儿子,我说我就是您儿子。师母去世后,我为她料理了后事。

99 年,咱们村的少来大年三十患脑血栓住进了医院。你也知道少来家的情况,少来的老娘和老婆都有病,常年吃药,还有一个儿子在县城上高中。我不放心,就带着两个村干部去医院看望。我对少来他老婆说,你就给他治病,别怕花钱,医药费由村里给你出。他一共花了一万四千多块钱,村里都给他出了。光举患脑囊虫病住院,做手术都是我安排的。村里一共给他出了一万一千多块钱。你也知道光举家的情况算是比较困难了。那几年,他家事情多,花销重,没有多少余钱。像这样的事情是没有人攀比的,大家觉得这么做还挺有人情味的。

前几年,因工作需要,企业买了部小汽车,开始有人说:“老板有专车了”,可事实上,汽车都用在了公司的业务和为村民办事上。司机维全都说,这部车,业务员用得比老板坐得多,村民比支书坐得多。村民结婚用这部车,送病人去医院用这部车。在报酬上,我和其他行管人员一样,每月 400 多元的工资。我有自己的金钱观,钱是身外之物,生不带来,死不带走。钱是好东西,能给人带来富足的生活,如果一个人一心钻在钱眼里,那他一定是可悲的。这几年,如果我想发财,现在别说几十万就是上百万也有了。可咱是干部,咱不能打个兔子围在自己腰里。有一次,我以每吨 16300 元的价格买进了 50 吨涤棉纱,紧接着又买进了 150 吨棉花换回 70 吨棉纱,不到一个月棉纱价格暴涨到每吨 27000 元。这样,加工出去获利 200 万元。合作的对方伙伴认为我自己拿个十万八万的谁也说不出什么,可咱能这么办么?

我这个人从小过苦日子穷惯了,到现在也舍不得大手大脚地花钱。开始创业的时候,我出差总是从家里带上大饼和鸡蛋,决不多花一分钱。现在生活水平提高了,不用带了。和我一起出过差的人都说和我出差享不了福,因为我总带他们吃地摊。

近几年,咱们村集体投资 100 多万元挖沟打井、修桥,投资 300 万元,拓宽了全村四横二纵六条大街,投资 100 万元建成了商贸小区,投资 50 万元安装了自来水、有线电视,投资 200 万元修建了高标准的六配套学校。

早在中央减免农业税之前，咱们村的村民都不用交集资、提留款了。咱们有企业，用办企业挣的钱贴补补农业也是应该的。这样咱村的男女老少都得到好处了。我不能保证每家每户都得到同样的好处，但是，我会尽量让大家都得到好处。

在外面跑了这么多年，交了很多朋友，开阔了眼界。我总结出一点，人还是实在点好，人要讲交情。咱村企业得到了各级政府和银行、大型企业的支持。人家为什么对咱这么好呀，主要是咱们实在、讲信誉。再一点，就是咱和人家的领导关系好。人家帮了咱忙，咱也不能让人家白帮忙呀。咱村的宏阳为咱们村企业的发展出了大力。尽管是自己一个村的，还和我是一个院的弟兄，咱也不能忘了人家呀。85年的时候，我通过关系买了两台14寸的彩电，一台放在大队办公室里，一台送给了宏阳他父母。那时候彩电很紧俏，咱们全乡也不超过4台彩电。没有人说我做的不公平，你有本事给咱村做贡献，我还要给你买轿车呢。

到现在为止，我觉得有一件事情做的可能不好，但我也没有办法，那就是94年上的印染生产线。当时有同意的，也有反对的，但我还是决定要上印染的。在当时的情况下，咱们要发展，企业要实现生产一体化，就得上印染生产线。只有这样才有效益。咱们村都习惯了免交集资、提留款，习惯了享受免费的自来水，你要让各家各户再交集资、提留款和水费等，大家都会觉得是倒退了。要维持这些开销，你不靠企业赚钱行吗？从我个人角度说，我已经成了县里、乡里甚至省里、市里的典型，我只能前进，不能后退。

访谈资料二

于长庆，男，34岁，于庄村民，高中文化程度

我是宏奎的侄子。我大爷在房屋拆迁的时候出了事故，被砸在土坯房子里，后来没有治好，在被砸伤10天后就去世了。我大爷家在公路的西侧，一共有三间土坯房子。临近公路的一侧有一间比正房矮一些的土坯偏房，平时堆放些杂物。沿街的院墙是土坯的。村里的拆迁队把他家沿街的土院墙拆掉了。由于他家的偏房和沿街的院墙是连着的，院墙拆除后，偏房的牢固性就受到了影响。中午拆迁队的工作人员吃饭休息的时候，我大爷到那间偏房里去收拾一些还没有来得及收拾好的杂物。当他拽被压在建筑垃圾下面的一个编织袋的时候，那间已经不很牢固的偏房整个地倒掉了。我大娘正在屋里做饭，听到响声后跑出来一看偏房到了，就大喊着叫人来救助。邻居家的人过来后，把压在我

大爷身上的木头、瓦片等清理后，立即送到了县医院。尽管我大爷的生命暂时没有出现危险，但伤势很严重。粉碎性骨折、内脏严重受伤，已经不能实施手术治疗。医院建议我们家属把老人带回家，因为在医院住院治疗已经没有什么价值。我们把大爷带回家后，多方打听后，从河北请了个用祖传秘方治疗骨折的大夫。但我大爷还是在受伤10天后去世。

我大爷是在房屋拆迁过程中出现的事故。我们找到支书要求村里承担相应的责任。支书向县里和乡里的领导分别汇报了这件事情的来龙去脉。县里和乡里的领导觉得应该慎重处理好这件事情。县里和乡里的民政部门比照有关规定，给我大爷按工伤死亡的规定处理这件事情，报销我大爷住院治疗期间的一切费用，给我大娘几千块钱的赔偿。村里花钱给我大爷买了寿衣和棺材，我大爷丧葬的费用也是由村里承担的。鉴于我大爷的特殊情况，县里和乡里的民政部门不要求火化，直接土葬了。

我们对这样的处理结果还是能接受的。尽管我大爷被砸死了，但是我们觉得在这个事件中，自己的家人也是有过错的。这样处理，双方能够相互谅解。

访谈资料三

于基文，男，41岁，于庄村民，初中文化程度

我父亲弟兄俩个，我叔叔家有五个儿子，也就是说，我有五个叔伯兄弟。其中，四个弟兄在沿街区的地方分得了宅基地。最小的叔伯兄弟也想在沿街区的地方搞到一块宅基地，但是根据村里的规定他不够条件。我们家的矛盾就出在宅基地上。我母亲是改嫁过来的。我母亲和前夫有三个姐姐和一个哥哥，三个姐姐都已经出嫁多年，哥哥也在参军复员后到外村做了"地头趴"。我父亲是在我母亲的前夫去世后到我母亲的婆家做了"地头趴"。在我母亲的婆家生活了十几年，生了我和一个弟弟一个妹妹。后来，我父亲带着我们三个未成年的子女回到了庄定居。过了几年，我妹妹出嫁了，我和弟弟也相继结婚。结婚后，父母给我们弟兄俩人每人盖了一座房。我结婚后由于不能过正常的家庭生活而离婚，一直独身生活。后来，经人介绍领养了一个小女孩。我弟弟结婚后生了个男孩。由于弟弟生病死亡，弟媳带着孩子嫁人了。这样，我们一家三口人占着三处宅院。后来，我父亲因病去世，只剩下我母亲和我娘儿俩占着三处宅院。村里的公路加宽，我们家临近公路的三间房子被拆除了两间。我母亲搬到我弟弟空闲的宅院。村里作为补偿给我家划了块新宅基地。新宅基地离老宅基地不远，在公路的西侧。

根据村里的规定，沿街区的宅基地必须盖二层楼房。如果在一年内不盖的，村里有权对该宅基重新安排。我和我母亲觉得我们没有盖楼房的必要。一是自己家有两处住宅，能住得开；二是自己家也没有经济条件盖楼房。我母亲基本没有劳动能力了。我的经济收入也不多，靠在赶集的时候看自行车挣点钱。村里每五天一个集市，每个集市收入好的时候能挣个 30 多块钱。我女儿读到初二就到村里的织布厂去上班了，每月 400 多元的收入。盖一座普通的二层楼房在 95 年的时候也要 5～6 万元。

我和我母亲合计着要把新宅基地转让出去，获得一笔转让费。我最小的叔伯弟弟想要在沿街的地方盖座楼房，可村里不能安排他宅基地。他想要从别人那里通过转让的方式搞到一块宅基地。由于我母亲是改嫁来的，我和我的叔伯兄弟之间的关系不是很好，我不想把宅基地转让给我的叔伯兄弟。尽管在村里转让宅基地是个人的自由，但仍然要"先近后远"。

有一天晚上，我的五个叔伯兄弟聚在一起商量着要把划给我家的宅基地要过来，给我最小的叔伯弟弟盖楼房。他们弟兄五个一块去我家，逼迫我允许小弟弟占我的宅基地盖房。迫于如果不答应就会斥逐武力的威胁，我答应让他盖楼房。他们根本不提转让费的事情，他们只是说盖楼房也需要钱，等有钱以后再说。

我觉得事情办得窝囊，就和我的几个姊妹商量着怎么解决这件事情。她们觉得找村里的干部解决是最好的办法，乡里和县里不会管这样的事情。

支书找到我和我的叔伯弟兄们协调解决这件事情。最后的处理意见是这样的：我在自己不盖楼房的情况下，按照村里的风俗习惯应优先转让给自己的叔伯兄弟们。如果叔伯兄弟们都不盖，再考虑着转让给其他的人。我这样没有经过自家院里的人同意就想擅自转让给外人的做法，让我的叔伯兄弟们很没有面子。支书也承认我的弟兄们做得太过分，不该对自己人这样做。让小弟弟给我适当的经济补偿。如果现在没有钱的话，可以打个欠条，由支书作证签字。

最后，小弟弟给了我 2000 元的宅基地转让费，由村里的一个干部和自己院里的两个老人作证人把钱交给了我。尽管这转让费比其他人家的宅基地转让费少了点，但双方还是都能接受的。我想到自己的母亲年岁已高，到用人的时候还是需要自己的叔伯弟兄们帮忙的。我的几个姐妹也劝告我让一步算了。

访谈资料四

于振映，男，58，于庄村民，高中文化程度

1993 年开始，公路加宽、街区规划和房屋改造使村里的建筑垃圾成了一个难以解决的问题。1993 年以前村里房屋翻修得不集中，再者，房屋以土坯房屋居多，建筑垃圾能够就地解决，没有成为公害。在联产承包责任制后，人们收入增加了。砖瓦房逐渐代替了过去的土坯房。沿街区的砖瓦房居多，土坯房较少。所以，街区规划和房屋改造产生的建筑垃圾在村界内解决不了。村南面的垃圾处理厂只接收生活垃圾，不接收大量的建筑垃圾。村里有人给支书提建议，和周围村庄盖房需要垫地基的人家协商解决，把于庄的建筑垃圾用来充当垫地基的填料。大家都知道现在取土垫地基也不容易，大部分人家都是花钱买土垫地基。把村里的建筑垃圾给需要垫地基的人家，这样可以一举两得，既解决了人家的困难又解决了咱自己的问题。但在处理与各村之间的关系问题上，没有哪个村子会买于庄的账。支书请乡里的书记出面帮助解决问题。乡里确实很给面子的，乡党委书记主持协调解决了这个问题。

访谈资料五

于振康，男，46 岁，于庄村会计，高中文化程度

我父母亲的老房子在公路边上。根据县城建局的设计方案，我父母的四间土坯房子要被拆除三间。村里按规定给我父母在老宅子的北面公路边又安排了一处新宅基地。我父母的房子在村子的中心位置，新安排的宅基地在村子的北边上。从地理位置和潜在的商业价值来说，老房子的位置比新安排的宅基地的位置好。如果把公路规划的图纸做些改动，加宽的公路向西拓展 5 米，从东面再缩进 5 米的话，我父母的老房子将被拆除一间半，还可以在老房子的基础上盖楼房。新的宅基地可以不要。但这样做的话，公路东边将有 5 户人家的房子被几乎全部拆除，必须到村子北边的新宅基地上去盖楼房。而他们都想力图保住原有的部分宅基地，尽量在原来的宅基地上盖楼房。由于工作上的原因我和城建局的测量员小徐有一面之交。我说服小徐私自把设计图纸改动一下。这件事情不知怎么被其他人知道了，闹得整个村子沸沸扬扬的。我也觉得不好意思了。支书知道了这件事情后，就把我当众大骂了一顿，说按原来的设计图纸执行，谁也不准私自改动一点。县城建局把小徐调回单位，又换了一位姓王的技术员来村里主持技术工作。虽然当众挨了支书一顿骂，心里挺不好受的。但是

the error

想想自己没有捅更大的漏子也就心安理得了。如果真的按改动的图纸扒了房后，再被人发现揭发出来那就更惨了。那也不是当街挨支书一顿大骂就能解决的问题了。其实，支书这个人挺好的。就是气急的时候爱骂人，但他从来不记仇的。

访谈资料六

于海齐，男，36岁，于庄村民，颜春集团车间工人，高中文化程度

2001年冬天的一个晚上，少臣在织布厂值班的时候，用汽油喷灯烤上冻的水管，引起一个织布车间失火，给织布厂造成巨大损失。事故的原因很快查明，少臣也承认是自己的失误造成火灾。支书非常气愤。少臣也害怕了，吓得直哭。后来，少臣的父母找到支书，向他求情。又找到支书的老婆，让她也在支书面前求情。大队会计和少臣是一个院的，还没有出五服，他也加入到求情的队伍。后来把少臣开除了，让他家承担了部分经济损失。支书说让他全赔的话就是砸锅卖铁也赔不起。

村里为此事专门开了个大会。在会上，支书发了顿脾气，把少臣和他的父母狠狠批评了一顿，说以后再出现这样的事情就损失多少赔多少。

村里人都觉得事情也只能这样处理了，如果真的让他家包赔损失，其实他家也赔不起，那就有点太不近人情了。都是一个村里的人，都有或远或近的血缘关系，把事情做得太绝了对谁都没有好处。

访谈资料七

于维力，男，39岁，于庄村民，颜春集团工人，初中文化程度

村里的企业因工作需要买了一辆桑塔纳轿车，这辆车没有成为支书的专车，也没有成为村干部们和企业领导们的专车，而成了于庄的"便民车"。维全是专职司机。由于维全能够热情地为村民服务，所以，在村民中的口碑还好。02年春节过后，维全经支书允许，开着车到岳父母家拜年。他岳父母在东营市的郊区，离家大约有300多里路。维全的妻弟对开车很感兴趣，一直想学开车。看到姐姐和姐夫开着车来拜年，就央求姐夫让他开开车体验体验。维全本不想让他开，可经不住妻弟不停地央求，他嘱咐妻弟一定要小心，千万别出事。

维全怕出事，结果就真的出事了。他的妻弟把车撞到一棵树上，车的前灯

被撞碎，车棚被撞得变了形。好在人没有伤着。维全和妻弟还有岳父全家人都吓坏了。

最后，全家人商议，撞坏了的车先留在东营维全的岳父家，老婆孩子在岳父家住下。维全自己坐公共汽车回家向支书汇报情况。维全见到支书就哭了，说明了事情的原委。支书也挺着急的，让维全再回去把车修好开回来，修理费用由村里承担一部分，维全自己承担一部分。

维全和我是亲叔伯兄弟，所以，我比较了解情况。我们和支书是一个院的，是四服以内的关系。尽管我和维全的年龄比支书小，但按辈份我和维全还是支书的叔字辈。过年的时候，他得去我们家拜年。

访谈资料八

于光前，男，48岁，于庄村民，房屋出租者，初中文化程度

汝根原来是三队队长，弟兄三个排行老大。他大弟弟小学毕业后在家务农，后来参军，转业后在县公安局自行车管理所工作，几年后，升任县交警大队大队长，在县城颇有势力。在县城盖了房子，把家属搬到县城居住，家里的房子就委托给汝根照管。汝根的二弟弟当兵转业后，安排在县商业局当司机。后来，也在县城盖了房子，把家属搬到县城居住，家里的房子也委托给他大哥照管。村里的街区改造，汝根弟兄三个和他们父母的房子都被部分拆迁。在县城的弟兄两个出钱在新的宅基地上盖起了楼房，委托汝根照管，房屋出租后租金的一半归汝根。在村里这些房屋出租者中，汝根是出租房屋最多的人家，他很关注房租的行市。他挨家挨户通知房租该涨了，应该涨到多少。大家都跟着他走，他说涨到多少就涨到多少。确实，也需要这样一个出来牵头的人。

访谈资料九

张德江，男，50岁，于集乡张店村支书，高中文化程度

我自己会木匠活，经常帮别人做家具，收取手工费作为自己的收入。我们村是个典型的农业村落，全村人基本都以农业为主，农闲时间做点生意或外出打工。村里没有村办企业，也没有私营企业，只有两个作坊式的小型加工点。同样是村支书，我比于庄的支书清闲得多，能够有时间和精力做点自己的事情。我们村离于庄3公里左右，大公路在我们村东边经过，有一条200米左右的小柏油路把我们村和大公路连接起来。从我们村到于庄的交通非常方便。

于庄的街区规划之后，沿街盖起了很多二层的楼房。我觉得在于庄租个楼房做家具生意挺方便的，这样可以自己当老板了。现在家具市场上卖的家具都是聚合板做的，尽管美观但不耐用。很多人想买实木的家具，但不好买。我自己做实木家具，然后在自己租的房子里面展卖。

我觉得在于庄租房做生意挺适合自己的情况。我们村和于庄是一个乡，自己是张店村的支书，和乡里的税务、工商管理人员比较熟悉，有些事情好通融。张店到于庄的交通很方便，在于庄做生意既不耽误自己家里的农活，又不耽误处理村里的事务。于庄是乡政府驻地，又是集市所在地，在于庄开个家具店可以辐射全乡。

2003 年，我通过在于庄的亲戚介绍，租了于江家底层的三间楼房，每月租金 200 元。家具生意季节性很强，一般在秋后农闲时节，农村结婚的较多，家具卖得多。除了房租和各种税费以外，我一年的收入在 2 万元左右。

我觉得于庄的企业发展和城镇化也方便了周围的村庄，给周围村庄的村民带来了好处。我们村就有几个在于庄的企业做工的人。在于庄企业做工的都是些初中毕业或高中毕业没有继续升学的孩子。他们也不愿在家种地，再说村里的地也不多，一个人平均 2 亩地左右，在家也没有多少地可种。他们觉得到外地打工不如到于庄打工方便。村里也有到南方打工的人，没有技术和文凭到哪儿也挣不了多少钱。在于庄的纺织厂做工的女孩每月的工资在四五百元左右，工资不是很高，但在农忙的时候可以帮家里做些农活，这样实际算起来还是比出去打工合算的。如果在外面有好的工作，挣得钱多还是出去的好。

如果在于庄没有做生意的机会，我也不会到县城租房子做生意。县城做家具生意的多，人家的规模也大，投资也多。自己到县城做生意的话肯定竞争不过人家。再说了，县城到张店的交通尽管方便，但到县城的距离较远。到县城做生意的话，家里的农活和村里的事务都不能处理好。自己目前还不想放弃种地专门做家具生意，乡里的书记和乡长也希望自己继续担任村里的书记，我也不好不做这个村支书了。对于做生意，我总觉得有风险。农民还是以土地为本的，有了地种粮食，富不了但也饿不着。于庄就我自己一家做家具生意，只要价格比县城的价格便宜点，就会有顾客。

作为一个村的支书来说，我很羡慕于庄的发展。自己村里想搞企业，但是各方面的条件都不具备。没有路子，没有资金，关键是没有人才。于庄以纺织为主的企业污染不算大，相比县里的造纸厂和化工厂的污染来说，于庄的这点污染算不了什么。可是自从于庄的纺织企业上了印染生产线后，情况就不一样了。造纸厂和化工厂的污染已经扩散到于庄了，于庄又自己造成内部污染。

同样是支书，我很理解于庄支书的处境。于庄的村民已经习惯了免交集资提留款和村里代缴公粮的做法，这一切都得益于于庄村办企业的发展。于庄的支书已经成为乡里、县里的名人，政府给了他很多荣誉称号，只能前进不能后退。于庄上印染生产线是必然的选择，印染生产线的投产能给于庄带来更多的利润。对于于庄来说，在现在的基础上再上其他能赚钱的项目可能性不是很大。我也觉得，污染了土壤和地下水这是关系到千年万代的事情。为了现在能赚到钱，就是意识到潜在的危害，还是要干的。

我也觉得于庄的环境越来越差了。在我们村还有很多人家用手压水井，村里没有打深水井给村民提供自来水，村民们觉得地下水还能喝，打深水井的要求不强烈。于庄就不行了，地下水受到了污染，有股铁锈味。村里打了深水井给村民免费提供自来水。

访谈资料十

刘超军，男，39岁，县毛纺厂下岗工人，高中文化程度

我和妻子张丽是县毛纺厂的职工，有一个儿子。我们夫妻两个原来住在厂里的两间平房里，房改后，花1400元钱买得了房子的所有权。1998年，我们夫妻两个先后都下岗。下岗后，夫妻两个在县城以贩卖蔬菜为生。早晨早早地到县城东面的蔬菜批发市场批发蔬菜，然后在县城里走街串巷卖蔬菜。收入和在工厂里上班差不多，但比在工厂里上班辛苦。

张丽在于庄有个表姑。张丽去表姑家的时候，看到于庄平时没有卖蔬菜的，觉得在于庄开个蔬菜店肯定不错。2002年，张丽通过表姑在于庄租了两间底层的楼房，一间卖菜，夜里的时候打个铺让儿子睡在那里；另一间夫妻两个住。儿子在于庄的小学读书，夫妻两个仍然是早晨早早起床到县城东边的蔬菜批发市场批发蔬菜，然后回来零售。

在于庄做了几年买卖，我们夫妻俩个觉得自己并没有融入这个村子。在于庄人的眼里，我们是外来人。每年的年三十上午，我们一家三口都回我父母家过年。年三十的中午饭一家人在一起吃。年三十的晚上，我自己回来看家，老婆和孩子在父母家。年初一的早晨早早回家拜年，初二下午的时候一家人又都回于庄。每年三十晚上自己在于庄的时候感到特别孤独，那种异乡

人的感觉特别明显。

初三以后，我们夫妻两个也会带着孩子到邻居家拜年，去表姑家拜年的时候，表姑都要留一家人吃饭。对于村里的婚丧嫁娶，我们基本不参与。但是，邻居和房东家里有事的时候，我们会随一份礼做个表示。

尽管我们在于庄做生意，孩子在于庄读书，但我们没有在于庄买房子的意思。等我们攒够了钱，在县城买个商品楼。在县城居住没有外乡人的感觉，在于庄居住有强烈的外乡人的感觉。我觉得于庄的环境越来越不好，县里的造纸厂和化工厂的污染已经殃及到于庄。于庄村南河里的水又黑又臭，冬天还好，夏天的时候，刮南风的时候，臭味特大，在村里都能闻得到。农民用污染了的河水浇地，庄稼也被污染了。于庄的印染生产线投产后，加重了对于庄的污染。虽然说于庄打了一眼深水井解决水的问题，但是谁能保证深水井里的水不被污染呢。相比县城自来水公司的水来说，于庄饮用水的质量还是有问题。我们想着等孩子上初中的时候就回县城，让孩子在县城上中学。

于庄发展得比我老家好。我老家在离于庄10多公里的碱店乡的刘屯。我老家都是以农为主，青年人基本上都外出打工。

访谈资料十一

老柴，男，49岁，市化肥厂销售员，大专文化程度

我是市化肥厂的销售员，老家在德州市郊区。我在于庄有个表姐。通过表姐介绍，在于庄租了一栋二层的小楼，经销本厂生产的化肥。我租的小楼，根据经营的需要对门面进行了装修，装修的费用由双方共同承担。我和房东签了2年的合同，又雇用房东做我的雇工。进货的时候负责帮着卸货，卖货的时候帮着装货。平常我不在的时候，帮着照看一下。我每月的房租是400元，雇佣房东每400元。

我在于庄租房的原因是觉得于庄的房租便宜，而且在于庄设点经营化肥的不多，除了乡供销社经营以外，还有一家经营化肥的。我觉得自己的优势是厂家直销，经营的环节少，经营成本相对较低。由于化肥经营的季节性较强，在经营的旺季，我会住在于庄，平常淡季的时候由房东帮着照看一下，自己则回厂里去。

我觉得于庄的城镇化确实给于庄的村民带来了好处。普遍地说，于庄村民的居住面积和居住条件要好于我们厂的职工。在于庄，村民所用的自来水

是免费的，我们厂里职工家庭用水是收费的。就收入来讲，我们厂的职工的月工资也就700多元。以我的房东为例，房东的房租收入400元，并且于庄的房租有上涨的趋势。雇用房东每月给400元工资，房东在村里的企业做工，每月还能收入500元左右。家里有四亩多地，基本上是自种自收，除了买化肥农药和灌溉的成本外，不缴集资提留款，也不缴公粮。

我觉得于庄的环境越来越不好。于庄村南的河水已经被污染得很厉害了，农民还用这河水浇地。于庄自己的企业也造成了污染，印染生产线的投产使大量的污水没有经过净化处理就排放出去了，不但加重了于庄自身的污染，而且也把污染转移到了附近的村庄。于庄的地下水已经被污染。我买了饮水机，平常喝桶装的净化水。我觉得如果不采取措施适当控制的话，总有一天于庄的深井水也不能喝了。我觉得于庄上印染生产线的代价太大了，因为作为一个村庄，村民向外流动的少，一般的人家可能要世代居住在于庄。土壤和地下水污染了后，后代人怎么办呢。如果不上印染生产线，作为以纺织为主导的于庄企业就形不成规模效益。

访谈资料十二

王工程师，男，65岁，天津纺织厂工程师，大学文化程度

我是天津纺织厂的退休工程师，退休后，被于庄聘请来做技术顾问。村里对我的待遇很好，给以较高的报酬，安排了条件较好的住所，老伴也和我一块来于庄居住。我的子女都已经成家立业，没有什么负担了。我来于庄的目的，一是发挥余热，为于庄的企业发展做点贡献；二是找个环境较好的地方养老。

我来于庄几年，眼见于庄的环境越来越差。在于庄的印染生产线的上马问题上，我向村里提出建议，说印染生产的污染太厉害，如果不能有效处理污水的话，应该缓一缓再上马，等条件具备了再投产。我的建议是科学的，村里的领导也明白，但我的建议不符合于庄经济发展的实际。只能采取先污染后治理的办法。

我很理解村里领导的决策。等到再干一两年就回天津去，这样的环境越来越不适合居住。

访谈资料十三

冯长军，男，40岁，县委办公室副主任兼档案局局长，大专文化程度

我是 1987 年师范毕业，毕业后就直接到县委办公室工作。一开始当打字员，后来调到机要科当干事。1996 年到市委党校脱产学习，1998 年取得大专文凭。毕业后，担任机要科科长。后来，担任办公室副主任兼档案局长。在办公室工作和各方面接触的比较多，对于庄的情况了解得多一些。于庄在全县的影响很大，历届的书记、县长都很重视于庄的情况。说实话，于庄的支书比乡镇的书记和乡镇长都牛。县里的领导对于庄的支书很买账，有些乡镇书记解决不了的问题，人家于庄的支书能解决。于庄的企业发展得好，有经济实力。支书人缘好，群众基础好，不像有些人那样吃喝嫖赌，所以，在县里、乡里的威信高。

现在，全县的中心工作就是发展经济，招商引资。县里把招商引资的任务分解到县直各部门、各乡镇。除了学校没有招商引资的任务外，哪个单位没有任务呀。就连我们档案局也分到了任务，我们局连续几年都没有完成任务了。每次开招商引资总结会的时候，我们局都受到批评。我们管档案的职能部门和企业界基本没有联系，让我们招商引资确实很困难。现在，县里给外来投资者制定了很多优惠的政策。只要不是污染太严重的项目都可以接受。县造纸厂和县化工厂还有于庄的纺织企业都是县里的龙头企业。这些企业生产造成的污染是很明显的，但是，县里舍得关掉这些企业吗？关掉这些企业就等于断了县里的一大块财源。现在都在积极招商引资，在这种形势下，即使企业生产造成了污染，只要不出太大的问题，引起的社会影响不是太大，县里也不会轻易关掉的。于庄的支书牛，就是因为人家的企业牛。如果不是于庄的企业发展得好，于庄的支书能牛起来吗？

访谈资料十四

刘军，男，31 岁，县政府办公室秘书，山东师范大学中文专业，本科学历

我是在县一中读的高中，1999 年考上山东师范大学，读中文专业。2003 年毕业后又回到母校任教，教高中语文，还当班主任。2005 年县政府需要一名秘书，条件是大学本科毕业，最好是中文专业。我通过了招聘考试，就从一中调到了县政府工作。县政府的工资比一中低。我在一中的时候，每月能领到 1400 多块钱。现在，我每月才 800 多块钱。但在县政府工作比在一中当老师的社会接触面大，对社会的了解比较多一些。

我跟着领导去了几次于庄，对于庄的感觉不错。于庄的城镇化进程较快，

村民的收入水平和生活水平较高。于庄的纺织企业已经成了县里的龙头企业，是县里的利税大户之一。但是，从县城到于庄这十几里的路程真的是臭气熏天。冬天的时候，气温低，臭味还不厉害。夏天的时候可不得了了，说玄乎点，照这样发展下去，骑自行车走路的时候要戴口罩了。首先，是化工厂的工业污水污染了护城河以及护城河以北的水域；后来，县造纸厂的污水也扩散过来；再后来，于庄的印染生产线投产后，排放的污水也进入到护城河及以北的水域。发展经济是中心，你把经济搞上去了，就是功臣，就有政绩。搞不上经济，说什么也没用。上面下了多次文件，要求对污染企业进行治理。县里也确实采取了措施进行污染治理，在城北2公里的地方还建立了污水处理站，但是处理污水的能力有限，还不能很好地解决问题，不能否认县里的整治措施起了一定的作用。

访谈资料十五

门德生，男，42岁，县环保局副局长，大专文化程度

我是1990年师专中文系毕业，在县实验中学教了一年书，然后，调到团县委工作。在团县委工作了八年，从团县委副书记的位置调到县环保局当副局长。大家都知道环保局是管理环境的职能部门，但是环保局没有实权。县化工厂和县造纸厂是两个污染大户，这两个企业也是县里的重要财源。我们每年都要去检查，然后把情况通报一下，向县里提出污染治理的建议和措施，县里对我们的意见和措施很重视，但要彻底解决还需要时间。但是我们也能根据我们的职能解决一些小范围的问题。于庄的企业生产噪音污染，引起了部分村民向村里提出搬迁的要求。不管背后的动机是什么，村里很难同时满足这些人的要求，处理不好会引起纠纷。于庄来了一个村干部要求我们派技术人员，对于庄受企业生产噪音污染的居民家里的噪音进行监测，给出一个客观的数据，然后按照国家标准执行。我们派出技术人员给于庄提供了技术支持，帮助村里解决了一个比较麻烦的问题。

我们每年都派人到各污染企业收取一些排污处罚款，但是没有一个企业会足额地缴纳。我们派人到于庄去的时候，他们对我们的工作人员不错，招待我们吃顿便饭。他们也会对我们的处罚款讨价还价，最后缴纳的数额是一个双方数额的折衷。我们觉得这不错了，比起那些拒不交纳的企业来说，我们感到满足了。

我们也会接待一些环境问题方面的上访和投诉。说实话，我们还真的解

决不了。但是，我们也不能让群众把事情闹大，捅到上面去。那年，李家坝村的支书来我们这里上访，我们确实没有办法彻底解决他们的问题，我们积极地把他们的问题向县里和上级环保部门反映，老百姓不容易呀，我们当干部的总得为老百姓着想呀，县里和上级环保部门也很重视，想方设法治理污染。

访谈资料十六

李文江，男，56岁，李家坝村民，初中文化程度

我们村的耕地灌溉主要是用村西边的河水，不靠河的耕地主要是用井水灌溉。河水灌溉的耕地约占全村耕地的一半左右。我们村边的河水被污染了。用污染了的河水浇地，一开始的时候没有发现什么问题。但大家心里明白，用这样又黑又臭的水浇地，对耕地和庄稼肯定没有好处。所以，大家都把河边种的蔬菜拿到集市上去卖，自己不吃。自己吃种在自家院子里的蔬菜。我们也尽量不吃用河水浇地生产的粮食，这样的粮食交公粮，或卖掉。2001年麦收的时候，我们附近几个村子一些用污水灌溉的小麦麦粒里的粉是浅褐色的。大家都知道这样的麦子不能吃，但没有一个人把这种小麦毁掉，都想办法把它卖掉了。我们不是不讲良心呀，辛辛苦苦种的麦子不能就这样白白扔掉吧。

2002年，我们村靠河岸的一片地，由于用污水浇地，庄稼枯萎死亡，基本上是绝产。我们也不知道究竟是谁污染了河水，听说是县里的造纸厂和化工厂排放的污水污染了河水。我们村几户受灾的村民找到村支书文希商量对策。大家觉得以个人的名义反映问题不如以村集体的名义反映问题。村支书文希找到乡党委书记说明了情况，乡党委书记也表示无能为力。文希就到县环保局反映情况，县环保局的工作人员接待了他，并且把他反映的情况做了记录。一位副局长跟他说，这种情况环保局也头疼，没有办法解决。这位副局长跟文希说你先回去，环保局想办法解决。

文希回来后等了一个多月又去了县环保局，这次正好局长也在单位。局长对文希说，你们村的情况县里领导都已经知道了，正在想办法解决。局长让文希先回去，等候通知。文希回村后把情况跟大家一说，大家觉得县环保局解决不了我们村的问题。有人提议向新闻媒体反映情况，让媒体曝光加速问题的解决。也有人提议和邻村的受灾村民联合起来向有关部门反映情况。文希联系了几个村支书，有的村支书有顾虑不愿牵头搞这些事情。

文希到了省城找到了省电视台，反映我们村因环境污染给农民造成的损

失。省电视台答应派新闻摄影记者到我们村进行调查和采访。省电视台的记者到了我们村实地调查了情况，并且也采访了部分村民。后来这次采访也没有任何结果。

附近几个村子的村民推举文希代表受灾的农民到省环保局反映问题。文希觉得如果自己代表我们村去反映问题还说得过去，如果也代表其他村子的农民说话，他觉得自己没有代表性，也怕给自己招惹是非。

马楼村的张德军在河岸上的一亩多地因为经常用污水灌溉造成庄稼枯萎死亡。张德军到附近各个村子联络受灾村民，把受灾情况向省环保局的领导做了反映。省环保局做出向受灾农民赔偿的决定。但县里始终没有执行下去，县里不可能让这些企业拿出多少钱来赔偿农民的损失。

秋季交公粮的时候，受灾农民要求乡里减免一些公粮。乡里考虑酌情处理，对于欠缴和晚缴公粮的农民派出工作组做工作。乡里到村里收黄河水钱。过去河水没有被污染的时候，沿河的村庄收取黄河水钱没有太大的困难，咱们当农民的还是通情达理的。当河水逐渐被污染到对庄稼产生致害作用，导致庄稼枯萎死亡甚至绝产的时候，再收取黄河水钱，农民觉得难以接受。和催缴公粮一样，乡里也派出干部组成的工作组到村里做工作。我家的庄稼也受灾减产。乡里的干部到我家要黄河水钱的时候，我说："黄河水都污染了还收钱呀，用这脏水浇地把地都浇坏了，怎么还收钱呀？不让你们赔偿就够便宜你们的了"。那位干部说："我们也没有办法呀，这是上面交代的任务不完成行吗？我们也得挣工资养家糊口呀。如果大家都交了，就剩你自己不交的话，到时候乡里把你作为重点工作对象，大家都不好了。再说，又没有多少钱，抗着不交也不值得"。

访谈资料十七

姜文磊，男，39 岁，于集乡副乡长，大专文化程度

1990 年我从德州师专政治系毕业后，分配到郑寨乡中学当老师。教了两年书，通过关系调到郑寨乡政府。1993 年调到于集乡政府工作。2000 年春天，担任副乡长。在于集乡工作这几年，对于庄了解得比较多，和村里的干部接触得也多。我觉得于庄村干部的整体素质高，村干部视野比较开阔。

于庄的印染生产线是 1994 年投产的，到现在仍然继续生产。尽管产生了污染，但是经济效益还可以。县里和乡里对于庄企业的态度是保护。说实话，于庄现在也没有经济实力做到绿色生产。于庄企业的发展对全乡经济发展起

了很大的带动作用，解决了于庄及全乡部分农民的非农就业问题。如果完全按照国家规定的标准，于庄的企业也要进行整改。影响的不仅是一个村庄的经济，会对全乡的经济有很大的影响。当时上印染生产线的时候，村里有两种不同的意见，最后还是上了。不管是村干部也好，还是一般村民也好，都觉得现实的利益比潜在的损失重要。当时乡里和县里对于庄上印染生产线的审批放得很宽，态度是比较暧昧的。

访谈资料十八

于光健，男，40岁，于庄村民，初中文化程度

我初中毕业后没有考上高中，就回家种地。村里的企业做大了，然后到村里的企业做工。平常基本上不耽误地里的农活。现在，地里种的都是不太占工夫的作物，棉花基本上不种了，种棉花太耽误工夫，不值得。我老婆是我在企业做工时认识的，她想在于庄找个婆家，我们两个处得还可以，就这样结合在一起了。我们是1995年结婚，现在孩子17岁了，在县城上高中。

我在企业做了几年工，每月工资大约在500元左右。村里还挺人性化的，每年过中秋节和过春节的时候，给职工发点福利。有时候是一箱酒，有时候是一桶油。从2000年的时候，我就不在企业做工了，但是我老婆还在那里做质检员。街道规划后，我在街上盖了一栋二层小楼。然后自己做点生意，每年能收入个2万元左右。我觉得自己做生意比较自由，收入还多点。在企业做工，时间盯得比较紧，而且收入也不是很高。新下学的小孩还可以去做，像我这样的还是自己做得好些。我们家还有3亩多地，都种小麦和玉米。老院子里还养着两头牛和一头猪，喂了几只鸡。地里的粮食除了自己吃，剩下的都喂牲口。地是命根子呀，做生意有风险，在企业里做工也有风险。实在不行的时候，有粮食吃还能活命呀。

访谈资料十九

于绍平，男，54岁，于庄村民，初中文化程度

我在村里算是中等情况。儿子结婚后，和媳妇到济南做生意。女儿大学毕业后，到了青岛的一家企业工作。街上的门面楼原先租给别人做生意，后来自己做服装生意。平常时候，老婆一个人在店里照管着。集上忙的时候，我也去帮忙。进货一般都是到石家庄，那里的服装便宜。有时也到济南的洛口服装市场进货。进货的时候，一般都是我自己去。服装店经营下来，一年

也能赚个两万三万的。家里还有 4 亩地，我都种麦子和玉米。种的粮食除了够自己吃的以外，剩下的都卖掉。

这几年，村里发展得比较好。大多数人家都盖起了楼房，生活比以前富裕多了。可是现在村里的环境越来越不好了。村南面的臭水对村里的影响很大，浇地都用臭水了。夏天的时候一刮南风，全村都闻到臭味了。好在现在安空调的多了，晚上睡觉开窗子的少了，要不然黑天白天都闻臭味。我给孩子们说，你们在外面发展，最好别回咱们村子了。现在，机井里抽出来的水都有股铁锈味。说不定哪一天村里的企业垮了，深井水没有钱养了，吃水都成问题。这也不是说不吉利的话，村里的企业说到底都是靠支书一个人撑着。如果支书干不动了，就很难说了。别说村办企业了，就是县城里的国办企业不是说垮就垮吗？

访谈资料二十

于绍权，男，62 岁，于庄村民，村环卫队队长，小学文化程度

在生产队时期，我每天早晨挑着挑子到各家各户收集人尿，然后挑到生产队的积肥堆上。每天早晨大约要挑五六挑。这个活当时没有人愿意干。我家成分高，生产队长就安排我来干。那时候，村里没有专门打扫卫生的人。腿脚勤便的人，早晨起来背着粪筐拾粪。那不是为了打扫卫生，那是为了给自家多积点肥。把地分开后，我再也不用每天早晨挑着挑子收集人尿了。1986 年的时候，村里安排我负责打扫大街上的卫生，每月给我发 40 块钱的工资。后来，村里的企业做大了，街区规划后做生意的多了，大街上的卫生就成问题了。我自己一个人忙不过来，村里不断地增加人数。1994 年的时候，安排了 4 个人。2002 年的时候，安排了 8 个人。2005 年增加到 14 个人了。这几年，随着来村里做工、经商的人数的增加，环卫队的工作量增大了。村里花钱买了比较先进的卫生工具。村里对这方面的投资还是比较大的。从各商户那里也收一部分卫生费。这样做是合理的。

我觉得不管是自己村的村民，还是外来的流动人口，大家的环境卫生意识不是太好。比如说，有的人把西瓜皮从远处往垃圾箱里投，投不中掉在外面，就不管了。要保持好环境卫生，单纯靠增加投资增加人数还不行。如果大家都自觉维护环境卫生，那就好多了。现在，随地乱扔东西的现象非常普遍。每次赶集过后，我们都要像打扫战场那样彻底清扫一遍。随地吐痰的现象恐怕一时半会解决不了，因为大家都习惯了那样做。

参考文献

著作

[1] （日）长野朗.中国社会组织，（朱家清译）.上海：上海光明书局，1931.

[2] 陈爱民编著.中国城市化：田野研究与省例分析.北京：经济科学出版社，2003.

[3] 陈向明.质的研究方法与社会科学研究.北京：教育科学出版社，2002.22～23.

[4] 陈耀邦.可持续发展战略读本.北京：中国计划出版社，1996.

[5] 崔之元.南街村的思考.见：第二次思想解放与制度创新.牛津大学出版社，1997.158.

[6] （日）饭岛伸子.环境社会学，（包智明译）.北京：社会科学文献出版社，1999.5.

[7] 费孝通，鹤见和子等著.农村振兴和小城镇问题.江苏：江苏人民出版社，1994.

[8] 费孝通.乡土中国生育制度.北京：北京大学出版社，1998.24～25.

[9] 费孝通.江村经济——中国农民的生活.北京：商务印书馆，2001.318.

[10] 国务院课题组.小城镇发展政策与实践.北京：中国统计出版社，1994.

[11] 辜胜阻编.当代中国人口流动与城镇化.武汉：武汉大学出版社，1994.

[12] 辜胜阻.人口流动与农村城镇化战略管理.武汉：华中理工大学出版社，2000.64～67.

[13] 贺雪峰.新乡土中国——转型期乡村社会调查笔记.南宁：广西师范大学出版社，2003.169～232.

[14] 洪大用.社会变迁与环境问题.北京：首都师范大学出版社，2001.242.

[15] 胡伟.政府过程.杭州：浙江人民出版社，1998.

[16] 黄宗智.华北的小农经济与社会变迁.北京：中华书局，1986.

[17] 黄宗智.长江三角洲小农家庭与乡村发展.北京：中华书局，1992.

[18] （美国）H·钱纳里，M·塞尔昆.发展形式：1950～1970.北京：经济科学出版社，1998.68.

［19］秦润新．农村城镇化理论与实践．北京：中国经济出版社，2000.25～27.

［20］全国农村工作会议纪要（1981年12月）．见：三中全会以来重要文献选编（下册）．北京：人民出版社，1982.1062～1068.

［21］李培林．村落的终结——羊城村的故事．北京：商务印书馆，2004.7～9.

［22］参见李相然．城市化环境效应与环境保护．北京：中国建材工业出版社，2004.32～36.

［23］李银河．生育与村落文化．北京：中国社会科学出版社，1994.59～60.

［24］廖志鸿，郑春敏主编．西部地区城镇化．北京：科学出版社，2003.

［25］梁思成．中国建筑史．天津：百花文艺出版社，1998.324～327.

［26］参见梁漱溟．中国文化要义．上海：学林出版社，1987.

［27］林毅夫．制度、技术与中国农业发展．上海：三联书店，1992.55.

［28］陵县志．陵县县志编纂委员会，1984.

［29］刘沛林．风水：中国人的环境观．上海：三联书店，1995.

［30］路甬祥.21世纪中国面临的12大挑战．北京：世界知识出版社，2001.

［31］马克思恩格斯选集（第1卷）．北京：人民出版社，1995.677～678.

［32］马克思恩格斯选集（第1卷）．北京：人民出版社，1972.130.

［33］马克思恩格斯全集（第27卷）．北京：人民出版社，1972.427.

［34］马克思恩格斯选集（第1卷）．北京：人民出版社，1995.131.

［35］马克思恩格斯全集（第1卷）．北京：人民出版社，1956.440.

［36］马若孟．中国农民经济．南京：江苏人民出版社，1999.330.

［37］（法）孟德拉斯．农民的终结，（李培林译）．北京：社会科学文献出版社，2005.153.

［38］牛文元．中国人口、资源、环境与可持续发展．北京：科学出版社，2003.

［39］恰亚诺夫．农民经济组织．北京：中央编译出版社，1996.29.

［40］清华大学社会学系．清华社会学评论特辑．福建：鹭江出版社，2000.

［41］申振东，周其华．城镇化透析．北京：中国经济出版社，2004.

［42］参见施九青、倪家泰．当代中国政治运行机制．济南：山东人民出版社，1993.

［43］孙荪主编．论中国人现象．郑州：河南人民出版社，1992.

［44］王铭铭．民间权威、生活史与群体动力——台湾省石碇村的信仰与人生．见：王铭铭，王斯福，主编．乡土社会的秩序、公正与权威．北京：中国政法大学出版社，1997.258～315.

［45］王振亮．城市空间融合论．上海：复旦大学出版社，2000.18～19.

［46］王斯福．中国风水：历史与文化．见：王铭铭和潘忠党主编．象征与社会：中国民间文化的探讨．天津：天津人民出版社，1997.176～186.

［47］（美国）沃尔特·威尔科克斯．美国农业．北京：农业出版社，1979.103.

［48］谢文蕙.城市经济学.北京:清华大学出版社,1996.

［49］许学强等.城市地理学.北京:高等教育出版社,1997.44.

［50］徐勇.村干部的双重角色:代理人与当家人.见:徐勇自选集.武汉:华中理工大学出版社,1999.275～288.

［51］晏路明.人类发展与生存环境.北京:中国环境科学出版社,2001.

［52］参见阎云翔.礼物的流动——一个中国村庄中的互惠原则与社会网络,(李放春、刘瑜译).上海:上海人民出版社,2000.

［53］杨家栋,秦兴方,单宜虎.农村城镇化与生态安全.北京:社会科学文献出版社,2005.67～68.

［54］杨士弘.城市生态环境学.北京:科学出版社,2002.

［55］(德)尤根哈贝马斯.公共领域.见:汪晖,陈燕谷,主编:文化与公共性.北京:三联书店,1998.125～126.

［56］参见于建嵘.岳村政治.北京:商务印书馆,2001.352～353.

［57］周海乐.城镇化与小康社会.苏州:苏州大学出版社,2003.

［58］周弘毅.农村城市化研究.南京:南京大学出版社,1998.

［59］周晓红.现代化过程中的中国农民.南京:南京大学出版社,1998.

［60］周毅.21世纪中国人口与资源、环境、农业可持续发展.太原:山西经济出版社,1997.

［61］张静.基层政权——乡村制度诸问题.杭州:浙江人民出版社,2000.288.

［62］赵树楷.城乡纵横——农民流动的观察与研究.北京:中国农业出版社,1998.

［63］赵旭东.权力与公正——乡土社会的纠纷解决与权威多元.天津:天津古籍出版社,2003.50.

［64］折晓叶,陈婴婴.社区的实践——"超级村庄"的发展历程.杭州:浙江人民出版社,2000.373.

［65］郑杭生.当代中国农村社会转型的实证研究.北京:中国人民大学出版社,1996.168.

［66］中共中央文献研究室编.毛泽东农村调查文集.北京:人民出版社,1982.56.

［67］中科院国情分析研究小组.城市与乡村.北京:科学出版社,1996.250.

期刊

［1］布朗.对于中国乡村生活社会学调查的建议.社会学界,1936.(9):79～88.

［2］陈静,孟庆艳.中国城镇化之路该如何走.小城镇建设,2005.(6):94～96.

［3］陈柳钦.农村城镇化进程中的环境保护问题探讨.岭南学刊,2005.(5):75～78.

［4］陈昭锋.我国城市化的困境.城市问题,2004.(2):6～9.

[5] 楚成亚．乡（镇）政府自我利益的扩张与矫治．当代世界社会主义问题，2000. (2)：10～14.

[6] 崔宝辉．中国生态城市发展面临的问题与对策．中国建材，2005.（7）：31～33.

[7] 杜英，杨改河，徐丽萍．城镇化进程中的生态效应分析．西北农林科技大学学报（社会科学版），2005.（3）：97～100.

[8] 贾涛，陈静．小城镇环境规划编制研究．地域研究与开发，2004.（10）：15～18.

[9] 郭海英．苏南农村环境现状分析与思考．生态学报，2003.（2）：44～45.

[10] 洪大用．当代中国环境问题．教学与研究，1999.（8）：42～46.

[11] 侯伟丽．论农村工业化与环境质量．经济评论，2004.（4）：85～89.

[12] 胡大源．处在经济发展与环境改善之间的政府政策选择．国际经济评论，1999.（3）：25～27.

[13] 姜爱林．小城镇建设中环境监管注意的问题．环境导报，2002.（3）：28～28.

[14] 姜爱林．城镇化与工业化互动关系研究．宁夏党校学报，2004.（5）：78～83.

[15] 江新．江苏省农村环境治理与可持续发展．小城镇建设，2004.（3）：37～39.

[16] 蓝万炼．论乡村工业的未来与农村小城镇的发展阶段．经济地理，2001.（6）：684～689.

[17] 李富荣．农村城镇化与生态环境建设．渭南师范学院学报，2004.（11）：30～33.

[18] 李红．城镇生态环境矛盾分析与对策研究．城市环境研究，2004.（2）：66～67.

[19] 李宏．城镇化背景下的农村教育．小城镇建设，2004.（12）：66～67.

[20] 李剑富．论城镇化过渡与过度城镇化．农业现代化研究，2005.（3）：101～104.

[21] 李静波，郭丹丹．城镇化进程中农村教育的文化使命．国家教育行政学院学报，2004.（1）：33～38.

[22] 李静．中国的移民与同化．中国社会科学季刊（香港），1996.（秋季卷）.

[23] 李明秀．城镇化与民族地区生态环境安全．贵州民族研究，2003.（2）：96～101.

[24] 李培超．论环境伦理学的"代内正义"的基本意蕴．伦理学研究，2002.（试刊号）：51～54.

[25] 李少元．城镇化对农村教育发展的挑战．中国教育学刊，2003.（1）：15～18.

[26] 李新，王如松．苏南城镇化过程中的环境污染及防治对策．苏州科技学院学报，2005.（9）：6～10.

[27] 刘劲松．农村城镇化与农村经济可持续发展的矛盾和出路．江西财经大学学报，

2004. (2): 12~14.

[28] 吕涛. 环境社会学研究综述——对环境社会学学科定位问题的讨论. 社会学研究, 2004. (4): 8~17.

[29] 茅炫. 城镇化进程中农民向非农的转化. 深圳大学学报（人文社会科学版）, 2004. (4): 70~73.

[30] 聂碧芳. 论城市化与生态城市建设. 特区经济, 2005. (5): 124~125.

[31] 彭力, 吴霞. 推进工业化、城镇化要高度重视节约资源和保护环境. 南方农村, 2005. (2): 8~10.

[32] 仇宝兴：为什么要走资源节约型的城镇化发展道路. 小城镇建设, 2005. (5): 12~16.

[33] 曲格平. 我国中长期环境与资源保护的战略目标与任务. 中国发展观察, 2005. (6): 20~21.

[34] 任立峰. 小城镇建设中应当注意的环境问题及其对策研究. 北方环境, 2001. (1): 16~19.

[35] 尚会鹏. 中原地区的干亲关系研究——以西村为例. 社会学研究, 1997. (6): 90~96.

[36] 宋丽红. 关于保护生态环境与发展生态农业的若干思考. 江西农业大学学报（社会科学版）, 2005. (3): 82~83.

[37] 孙旭东. 浅谈农村城镇化建设中的乡镇企业环境保护. 中国环境管理, 2003. (2): 45~46.

[38] 太晓霖、洪尚群. 环境问题中受害者和受益者关系动态初步分析. 云南环境科学, 2002. (4): 8~11.

[39] 王先锋. "飞地"型城镇研究：一个新的理论框架. 农业经济, 2003. (12): 21~30.

[40] 王晓毅. 本村人、外地人与外来人——经济发达村庄的封闭与开放. 北京行政学院学报, 2001. (1): 58~62.

[41] 王雪莲, 王绪朗. 论农村城镇化与农民生活质量. 小城镇建设, 2004. (11): 50~51.

[42] 王治国. 城市和农村的生态系统与环境问题比较. 中国水土保持, 1998. (4): 12~14.

[43] 吴贻玉, 陈宓宓. 生态化是小城镇建设的可持续之道. 江汉大学学报（社会科学版）, 2003. (12): 85~87.

[44] 吴好, 范秀荣. 推动生态循环型小城镇建设促进我国经济可持续发展. 科技导报, 2005. (1): 46~49.

[45] 徐晓春. 农村生活垃圾污染防治对策探讨. 甘肃环境研究与监测, 2003. (12):

458～460.

［46］徐秀英. 农村城镇化与生态环境协调发展研究. 生态经济, 1998.（5）：10～13.

［47］杨仕康. 试论城镇化的生态环境保护与建设. 国土经济, 2002.（8）：13～14.

［48］杨新海、王勇. 城镇化的背景与发展趋势. 城市问题, 2005.（4）：2～6.

［49］俞宪忠. 是"城市化"还是"城镇化"——一个新型城市化道路的战略发展框架. 中国人口资源与环境, 2004.（5）.

［50］余新忠. 中国民间力量与公共领域——近年中美关于市民社会研究的回顾与思考. 学习与探索, 1999.（4）：118～119.

［51］袁煦, 黄飚, 周青. 城镇环境污染对人类健康的影响. 中国农学通报, 2005.（2）：356～358.

［52］岳正华. 农村城镇化产生的生态环境危害及成因分析. 农村经济, 2004.（8）：73～75.

［53］张俺元. 农村城镇化与生态环境法制建设的构想. 泉州师范学院学报, 2002.（1）：122～125.

［54］张超. 我国农村城镇化发展的原则与对策. 学海, 2005.（5）：92～95.

［55］张军. 农村城镇化进程中两难选择及对策分析. 农村经济, 2004.（3）：72～75.

［56］张秋涛, 龚小琴. 我国城市化面临的生态危机及对策思考. 市场经济研究, 2004.（2）：77～78.

［57］张山岭. 浅谈小城镇环境保护工作. 环境保护, 2002.（9）：24～26.

［58］赵广, 万志芳. 农村城镇化条件下的生态经济建设对策. 边疆经济与文化, 2004.（10）：23～25.

［59］周启星, 王如松. 乡村城镇化水污染的生态风险及背景警戒值的研究. 应用生态学报, 1997.（6）：309～313.

［60］周毅. 城市化释义. 嘉兴学院学报, 2004.（1）：77～83.

［61］祝枫. 小城镇的生态环境保护. 能源环境保护, 2004.（12）：54～56.

［62］邹秀英. 试述城镇化进程中环境保护的有关问题. 经济师, 2005.（2）：70～71.

外文资料

［1］Brown, L. R. *Who Will Feed China.* New York, W W Norton Company.

［2］LubChenco, F. *Towards sustainable biosphere*, Ecology, 1991（72）.

［3］Mark Hlle. *State-of-the-Art Review of Environment*, *Security and Development Co-operation*［R］. Working paper on the OECD DAC Working Party. 2000.

[4] Skinner, G William. *"Marketing and Social Structure in Rural China"* . Journal of Asian Studies , 1964 ~ 1965, 24. I: 3 ~ 44; 24. 2: 195 ~ 228; 24. 3: 363 ~ 99.

[5] Huang, Philip, C C. *The Peasant Economy and Social Change in North China*. Stanford University Press, 1985, 220 ~ 224.

[6] Wolf. *"The New Feudalism: A Problome for Sinnologists"*, 1996, in P. M. Douvv & P. Post, eds, South China: State, Culture and Social Change During the 20th Century. Proceedings of the Colloquium, Amsterdam, 22 ~ 24, may, Pp77 ~ 84.

[7] Siu, Helen . *Agents and Victims in South China*. New Haven: Yale University Press, 1989, Pp121 ~ 137.

[8] Hwang, Kwang-Kuo. *Face and Favor: The Chinese Power Game* American Journal of Sociology, 1987, Vol92, No4, Pp944 ~ 974.

[9] Duara, Prasenjit. *Culture, Power, and the State: Rural North China*, 1900 ~ 1942, Stanford University Press, 1988, Pp261 ~ 281.

[10] Stephan Feuchtwang. *What Is Village* [A] . Eduard B. Vermeer. etc. Cooperative and Collective in China's Rural Development [C] . New York: M. E Sharpe. Inc, 1998.

[11] R. Bullard. *Enviromental Racism and the Enviromental Justice Movement* [A] C. Merchant. Sociology, key: Concept in critical theory. New Jersey Humanities Press, 1994, 154.

后　记

　　这本书是在我博士论文的基础上完成的。感谢导师包智明先生的教诲以及对论文的精心指导。在论文写作过程中也得到了北京大学社会学系邱泽奇教授、中央党校文史部徐平教授、中国社会科学院王延中研究员等诸位先生的指导，在此一并表示感谢。

　　2009 年 5 月份这本书稿非常荣幸地入选《高校社科文库》，并由光明日报出版社出版。在书稿编辑出版的过程中，得到了教育部社科中心及光明日报出版社诸位领导和编辑的支持和帮助。社长朱庆博士对书稿很关注，武宁社长亲自认真审读了书稿，提出了宝贵的意见并倾注心血做了修改，表现了光明人对学术的热爱与尊重。

　　这本书的出版得到了中华女子学院的资助。在院领导及院学术委员会的各位专家的关怀与支持下，经过院内外专家的评审以及个人的答辩，决定给我这本书稿的出版以资助，在此一并表示感谢。

于光君

2010 年 3 月　北京